【中华国学经典精粹】

洗冤集录

[南宋]宋慈 著 胡志泉 注

北京联合出版公司
Beijing United Publishing Co.,Ltd.

图书在版编目(CIP)数据

洗冤集录 /(南宋)宋慈著；胡志泉注. —北京：北京联合出版公司，2016.9(2023.3 重印)
(中华国学经典精粹)
ISBN 978-7-5502-8784-6

Ⅰ.①洗… Ⅱ.①宋… ②胡… Ⅲ.①法医学鉴定—中国—南宋 Ⅳ.①D919.4

中国版本图书馆CIP数据核字(2016)第238793号

洗冤集录
作　　者：宋　慈
选题策划：宿春礼
责任编辑：谢晗曦　夏应鹏
封面设计：新纪元工作室
版式设计：新纪元工作室
责任校对：付玮婷

北京联合出版公司出版
(北京市西城区德外大街83号楼9层　100088)
三河市冀华印务有限公司　新华书店经销
字数：130千字　787毫米×1092毫米　1/32　5印张
2017年1月第1版　2023年3月第5次印刷
ISBN 978-7-5502-8784-6
定价：12.00元

前言

宋慈是我国宋代著名的法医学家，字惠父，南宋福建建阳人。宋慈从小受学于父，十岁时就读于同邑“考亭高第”吴稚门下，受朱熹的考亭学派（又称闽学）影响很深，注重实事求是的学风和方法。

宝庆二年（1226），四十岁的宋慈走上仕途，出任赣州信丰县主簿。随后十余年间，因智勇双全，学问广博，惠爱子民，时而出任掌管粮运、家田、水利和诉讼等事项的通判，时而由官长推荐，成为招捕使、签书枢密院事的幕僚。

虽频繁调任，但宋慈每至一地，均入境问俗，访贫问苦，爱民救济，为百姓爱戴，也受到庙堂高官的赞许。

嘉熙三年（1239），宋慈升任广东提点刑狱官，不出八个月，便处理了二百多件积压多年的案件。宋慈廉政爱民，执法严明，尤其是“于狱案，审之又审，不敢萌一毫慢易心”。

任职期间，宋慈发现狱情有失，多是由于缺乏准确实用的检验书籍。为了能够使更多负责刑狱的官员分享他的经验，降低错案、冤案的发生率，他开始撰写《洗冤集录》。

淳祐七年(1247),宋慈专任湖南提点刑狱使,这年冬天,《洗冤集录》完成。

《洗冤集录》是一部具有独创性的伟大著作,不仅是我国,也是世界上首部法医学专著,比西方最早的同类著作《医生的报告》还早三百五十多年。《洗冤集录》的问世,标志着世界科学史上又一门新学科——法医学的诞生。

《洗冤集录》总共五卷,内容之系统、涉猎之广泛、研究之深刻,以及理论与实际结合之紧密,自问世以来,都使历代法医学家惊叹不已。在它的影响下,后代学者相继撰写出《平冤录》《无冤录》等几十种法医检验专著。

自《洗冤集录》问世到清朝,历朝历代都把它视作刑狱案件中尸伤检验的指南和经典,先后被介绍到朝鲜、日本、美国、德国、英国、法国等国家,译成十九种文字。在法医学高度发展的今天,《洗冤集录》因其独特的价值仍被专家视为专业方面的经典。

不可否认,由于历史的局限,《洗冤集录》里有些内容较为片面,对人体解剖、生理的认知也未必都正确,个别的甚至还带有迷信色彩。我们在阅读时要注意这些问题。

本书底本采用北京大学图书馆所藏元刻《宋提刑洗冤集录》。为保持元刻原貌,我们未做改动。限于我们的水平,难免有不足的地方,望读者批评指正。

目 录

卷三

卷四

卷五

附录

洗冤集录序

狱事莫重于大辟①，大辟莫重于初情，初情莫重于检验。盖死生出入之权舆，幽枉屈伸之机括，于是乎决。法中所以通差今佐理掾者，谨之至也。年来州县悉以委之初官，付之右选。更历未深，骤然尝试，重以仵作②之欺伪，吏胥③之奸巧，虚幻变化，茫不可诘。纵有敏者，一心两目，亦无所用其智，而况遥望而弗亲，掩鼻而不屑者哉。慈四叨臬寄，他无寸长，独于狱案审之又审，不敢萌一毫慢易心。若灼然知其为欺，则亟与驳下；或疑信未决，必反复深思，惟恐率然而行，死者虚被涝漉。每念狱情之失，多起于发端之差，定验之误，皆原于历试之浅，遂博采近世所传诸书，自《内恕录》④以下凡数家，会而粹之，厘而正之，增以己见，总为一编，名曰《洗冤集录》。刊于湖南宪治，示我同寅，使得参验互考，如医师讨论古法，脉络表里，先已洞澈，一旦按此以施针砭，发无不中，则其洗冤泽物，当与起死回生同一功用矣。

淳祐丁未嘉平⑤节前⑥十日，朝散大夫⑦新除直秘阁⑧、湖南提刑⑨、充大使行府参议官⑩宋慈惠父序。

贤士大夫或有得于见闻及亲所历涉出于此集之外

者，切望片纸录赐，以广未备。慈拜禀。

【注释】

①大辟：指死刑。

②仵作：古代官府雇用的检验尸体的人，又称行人。

③吏胥：掌管簿书案牍等的官吏。

④《内恕录》：书名，已失，不可考。

⑤嘉平：指农历十二月。

⑥节前：这里指除夕之前。

⑦朝散大夫：宋代文官名，无固定职务。

⑧直秘阁：官名。

⑨提刑：提点刑狱官，即掌管司法的官员。

⑩参议官：相当于幕僚。

卷一

一、条令[①]

诸尸应验[②]而不验；（初复同。）或受差过两时不发；（遇夜不计，下条准此。）或不亲临视；或不定要害致死之因；或定而不当，（谓以非理死为病死，因头伤为胁伤之类。）各以违制[③]论。即凭验状致罪已出入[④]者，不在自首觉举[⑤]之例。其事状难明，定而失当者，杖一百，吏人、行人一等科罪。

诸被差验复，非系经隔日久，而辄称尸坏不验者，坐以应验不验之罪。（淳祐详定。）

诸验尸，报到过两时不请官[⑥]者；请官违法，或受请违法而不言；或牒至应受而不受；或初、复检官吏、行人相见及漏露所验事状者，各杖一百。（若验讫，不当日内申所属者，准此。）

诸县承他处官司请官验尸，有官可那而称阙；若阙官，而不具事因申牒；或探伺牒至，而托故在假被免者，各以违制论。

诸行人因验尸受财，依公人[⑦]法。

诸检复之类应差官者，差无亲嫌干碍之人。

诸命官所任处，有任满赏者，不得差出，应副检验尸者听差。

诸验尸，州差司理参军，（本院囚别差官，或止有司理一院，准此。）县差尉。县尉阙，即以次差簿、丞、（县丞不得出本县界。）监、当官皆缺者，县令前去。若过十里，或验本县囚，牒最近县。其郭下县皆申州。应复验者，并于差初验日，先次申牒差官。应牒最近县，而百里内无县者，听就近牒巡检或都巡检。（内复检应止牒本县官，而独员[8]者准此，谓非见出巡捕者。）

诸监、当官出城验尸者，县差手力伍人[9]当直。

诸死人未死前，无缌麻以上亲[10]在死所，（若禁囚责出十日内及部送者同。）并差官验尸。（人力、女使经取口词者，差公人。）囚及非理致死者，仍复验。验复讫，即为收瘗。仍差人监视。（亲戚收瘗者付之。）若知有亲戚在他所者，仍报知。

诸尸应复验者，在州申州，在县，于受牒时牒尸所最近县。（状牒内，各不得具致死之因。）相去百里以上而远于本县者，止牒本县官。（独员即牒他县。）

诸请官验尸者，不得越（黄）河[11]、江、湖（江、河谓无桥梁，湖谓水涨不可渡者。）及牒独员县。（郭下县听牒，牒至即申州，差官前去。）

诸验尸，应牒县而牒远县者，牒至亦受，验毕申所属。

诸尸应牒邻近县验复，而合请官在别县，若百里外，或在病假（不妨本职非）。无官可那者，受牒县当日具事因（在假者具日时），保明申本州及提点刑狱司，并报（元）［原］[12]牒官司，仍牒以次县。

诸初、复检尸格目，提点刑狱司依式印造，每副初、复各三纸，以《千字文》为号，凿定给下州县。遇检验，即以三纸先从州县填讫，付被差官。候检验讫，从实填写。一申州县；一付被害之家；（无即缴回本司。）一具日时字号入急递，径申本司点检。（遇有第三次后检验准此。）

诸因病死（谓非在囚禁及部送者）。应验尸，而同居缌麻以上亲，或异居大功[13]以上亲，至死所而愿免者，听。若僧道有法眷，童行有本师，未死前在死所，而寺观主首保明各无他故者亦免。其僧道虽无法眷，但有主首或徒众保明者，准此。

诸命官因病亡，（谓非在禁及部送者。）若经责口词，或因卒病，而所居处有寺观主首，或店户及邻居，并地分合干人保明无他故者，官司审察，听免检验。

诸县令、丞、簿虽应差出，须（常）［当］留一员在县。（非时俱阙，州郡差官权。）

诸称“违制”论者，不以失论。（《刑统·制》曰：谓奉制有所施行而违者，徒二年。若非故违而失错旨意者，杖一百。）

诸监临主司受财枉法二十匹，无禄者二十五匹，绞。若罪至流，及不枉法赃五十匹，配本城。

诸以毒物自服，或与人服，而诬告人，罪不至死者，配千里。若服毒人已死，而知情诬告人者，并许人捕捉，赏钱五十贯。

诸缌麻以上亲因病死，辄以他故诬人者，依诬告法，（谓言殴死之类，致官司信凭以经检验者。）不以荫论。仍不在引虚减等之例。即缌麻以上亲自相诬告，及人力、女使病死，其亲辄以他故诬告主家者，准此。（尊长诬告卑幼，荫赎减等，自依本法。）

诸有诈病及死、伤受使检验不实者，各依所欺减一等。若实病、死及伤，不以实验者，以故入人罪论。（《刑统》议曰：上条诈疾病者，杖一百。检验不实同诈妄，减一等，杖九十。）

诸尸虽经验，而系妄指他尸告论，致官司信凭推鞫，依诬告法。即亲属至死所妄认者，杖八十。被诬人在禁致死者，加三等。若官司妄勘者，依入人罪法。

《刑统》疏：以他物[14]殴人者，杖六十。（见血为伤。非手足者其余皆为他物，即兵不用刃亦是。）

《申明刑统》：以靴鞋踢人伤，从官司验定。坚硬即从他物，若不坚硬即难作他物例。

诸保辜[15]者，手足［殴伤人］限十日；他物殴伤人者二十日；以刃及汤火［伤人］三十日；折（日）［目］折跌肢体及破骨者（三）[五]十日，限内死者各依杀人论。（诸啮人者依他物法。辜内堕胎者，堕后别保三十日，仍通本殴伤限，不得过五十日。）其在限外，及虽在限内以他故死者，各依本殴伤法。（他故谓别增余患而死。假殴人头伤，风[16]从头疮而入，因风致死之类，仍依杀人论。若不因头疮得风而死，是为他故，各依本殴伤法。）

乾道六年，尚书省（此）[批]状："州县检验之官，并差文官，如有阙官去处，复检官方差右选。"本所看详："检验之官自合依法差文臣。如边远小县，委的阙文臣处，复检官权差识字武臣。今声说照用。"

嘉定十六年二月十八日敕："臣僚奏：'检验不定要害致命之因，法至严矣，而检复失实，则为觉举，遂以苟免。欲望睿旨下刑部看详，颁示遵用。'刑寺长贰详议：'检验不当，觉举自有见行条法。今检验不实，则乃为觉举，遂以苟免。今看详命官检验不实或失当，不许用觉举原免。'馀并依旧法施行。奉圣旨依。"

【注释】

①条令：即法律条文。

②诸尸应验：对尸体进行法医检验。

③违制：违反法律制度、法规等的罪名。

④出入：有罪判为无罪、重罪定为轻罪，为"出"；反之为"入"。

⑤自首觉举：自首指罪犯在罪行未暴露前主动向官府坦白；

觉举指官吏在过失犯罪被检举之前主动交代。

⑥请官：在宋代，出现人命案后，由本县派官初验；如为他杀，则须请邻县派官复验。请官即指请邻县派官。

⑦公人：在官府中任公职的人。

⑧独员：指县衙里只有一名官员。

⑨手力伍人：官府使唤的杂役。

⑩缌麻以上亲：指五服之内的亲属。所谓五服，即丧服按亲属关系的亲疏、斩丧、齐丧、大功、小功、缌麻五等。其中，缌麻最轻，服丧期为三个月。

⑪（黄）河：依后面的小字注释，“黄”字可能为衍文，应删。

⑫本书以（　）标记疑问处，并以[　]给出更正的文字。

⑬大功：五服之一，服丧期为九个月。

⑭他物：指拳脚、锐器之外的一切钝器。

⑮保辜：宋代律法规定，殴伤人者，官府给予一定时间使其去救治受伤者，根据规定时间内受伤者的情况对伤人者定罪。这个规定的时间就叫作保辜期。当时的医学理论水平较低，对损伤致死机制的认识较粗浅，根据现代医学的观点，保辜期的做法并不可取。

⑯风：即破伤风。

二、检复总说上

凡验官多是差厅子、虞候[①]，或以亲随作公人、家人名目前去，追集邻人、保伍，呼为先牌，打路排保，打草踏路[②]，先驰看尸之类，皆是搔扰乡众。此害最深，切须戒忌。

凡检验承牒之后，不可接见在近官员、秀才、术人[③]、僧道，以防奸欺，及招词诉。仍未得凿定日时于牒，前到地头约度程限，方可书凿，庶免稽迟。仍约束行吏等人，不得少离官员，恐有乞觅。遇夜，行吏须要勒令供状，方可止宿。

凡承牒检验，须要行凶人随行，差土著有家累田产、无过犯节级、教头，部押公人看管。如到地头，勒令行凶人当面，对尸仔细检喝，勒行人、公吏对众邻保当面供状。不可下司，恐有过度走弄之弊。如未获行凶人，以邻保为众证。所有尸帐，初、复官不可漏露。仍须是躬亲诣尸首地头，监行人检喝，免致出脱重伤处。

凡检官遇夜宿处，须问其家是与不是凶身血属亲戚，方可安歇，以别嫌疑。

凡血属入状乞免检，多是暗受凶身买和，套合公吏入状，检官切不可信凭，便与备申，或与缴回格目。虽得州县判下，明有公文照应，犹须审处，恐异时亲属争钱不平，必致生词，或致发觉，自亦例被，污秽难明。

凡行凶器仗，索之少缓，则奸囚之家藏匿移易，妆成疑狱，可以免死，干系甚重。初受差委，先当急急收索，若早出官，又可参照痕伤大小阔狭，定验无差。

凡到检所，未要自向前，且于上风处坐定，略唤死人骨属，或地主、（湖南有地主，他处无。）竞主，审问事因了，点数干系人及邻保，应是合于检状着字人齐足，先令扎下硬四至[④]，始同人吏向前看验。若是自缢，切要看吊处及项上痕；更看系处尘土，曾与不曾移动，及系吊处高下，原踏甚处，是甚物上得去系处；更看垂下长短，项下绳带大小，对痕阔狭，细看是活套头、死套头，有单挂十字系[⑤]，有缠绕系，各要看详。若是临高扑死，要看失脚处土痕踪迹高下。若是落水淹死，亦要看失脚处土痕高下，及量水浅深。

其馀杀伤病患，诸般非理死人，札四至了，但令扛舁明净处，且未用汤水酒醋，先干检一遍，仔细看脑后、顶心、头发内，恐有火烧钉子钉入骨内。（其血不出，亦不见痕损。）更切点检眼睛、口、齿、舌、鼻、大小便二处，防有他物[⑥]。然后用温水洗了，先使酒醋蘸纸搭头面上、胸胁、两乳、脐腹、两肋间，更用衣被盖罨了，浇上酒醋，用荐席罨一时久，方检。不得信令行人只将酒醋泼过，痕损不出也。

【注释】

①厅子、虞候：指古代官府中的差役、军官。

②打路排保，打草踏路：在宋代，命案发生后，由当地各户拿出钱和草料，为尸场周围道路铺草填路。

③术人：指以炼丹、算命等为业的人。

④硬四至：四至指尸体所在的位置与周围固定标志物交界处的距离。若在陆地上，称为硬四至；水面上则称为软四至。

⑤十字系：为单扣，既非活扣，也非死扣。

⑥他物：异物。

三、检复总说下

凡检验，不可信凭行人，须令将酒醋洗净，仔细检视。如烧死，口内有灰；溺死，腹胀，内有水；以衣物或湿纸搭口鼻上死，即腹干胀[①]；若被人勒死，项下绳索交过，手指甲或抓损；若自缢，即脑后分八字，索子不交；绳在喉下，舌出[②]；喉上，舌不出。切在详细。自余伤损致命，即无可疑。如有疑虑，即且捉贼。捉贼不获，犹是公过，若被人打杀，却作病死，后如获贼，不免深谴。

凡检验文字，不得作“皮破血出”。大凡皮破即血出。当云：“皮微损，有血出[③]。”

凡定致命痕[④]，虽小当微广其分寸。定致命痕，内骨折，即声说；骨不折，不须言“骨不折”，却重害也。（或行凶器杖未到，不可分毫增减，恐他日索到异同。）

凡伤处多，只指定一痕系要害致命。

凡聚众打人，最难定致命痕。如死人身上有两痕，皆可致命，此两痕若是一人下手，则无害；若是两人，则一人偿命，一人不偿命。须是两痕内，斟酌得最重者为致命。

凡官守戒访外事。惟检验一事，若有大段疑难，须更广布耳目以合之，庶几无误。如斗殴限内身死，痕损不明，若有病色，曾使医人、巫师救治之类，即多因病患死。若不访问，则不知也。虽广布耳目，不可任一人，仍在善使之，不然，适足自误。

凡行凶人不得受他通吐，一例收人解送。待他到县通吐后，却勾追。恐手脚下人，妄生事搔扰也。

凡初、复检讫，血属、耆正副[5]、邻人，并责状看守尸首。切不可混同解官，徒使被扰。但解凶身、干证。若狱司要人，自会追呼。

凡检复后，体访得行凶事因，不可见之公文者，面白长官，使知曲折，庶易勘鞫。

近年诸路宪司行下，每于初、复检官内，就差一员兼体究[6]。凡体究者，必须先唤集邻保，反复审问。如归一，则合款供；或见闻参差，则令各供一款。或并责行凶人供吐大略，一并缴申本县及宪司，县狱凭此审勘，宪司凭此详复。或小有差互，皆受重责。簿、尉既无刑禁，邻里多已惊奔，若凭吏卒开口，即是私意。须是多方体访，务令参会归一[7]。切不可凭一二人口说，便以为信，及备三两纸供状，谓可塞责。况其中不识字者，多出吏人代书；其邻证内，或又与凶身是亲故，及暗受买嘱符合者，不可不察。

随行人吏及合干人，多卖弄四邻，先期纵其走避，只捉远邻或老人、妇人及未成丁人塞责。（或不得已而用之，只可参互审问，终难凭以为实，全在斟酌。）又有行凶人恐要切干证人真供，有所妨碍，故令藏匿，自以亲密人或地客、佃客出官，合套诬证，不可不知。

顽凶多不伏于格目内凶身下填写姓名押字；公吏有所取受，反教令别撰名色，写作被诬或干连之类，欲乘此走弄出入。近江西宋提刑重定格目，申之朝省，添入被执人一项。若虚实未定者，不得已与之就下书填；其确然是实者，须勒令签押于正行凶字下。不可姑息诡随，全在检验官自立定见。

【注释】

①腹干胀：由于胃肠鼓气导致腹部膨隆。这里认为闷口鼻致死会使腹干胀，这种看法缺乏科学依据。

②舌出：舌尖伸出齿弓甚至伸至口外。

③皮微损，有血出：似应为“皮微损，血不出”。

④致命痕：导致死亡的损伤。

⑤耆正副：即正、副耆长，指宋代各乡协助县衙缉捕罪犯、维护治安的差役。

⑥体究：断案前的调查分析。

⑦参会归一：相当于现代的唯物辩证分析法，是一种综合分析判断方法。

四、疑难杂说上

凡验尸，不过刀刃杀伤与他物斗打、拳手欧击，或自缢、或勒杀、或投水、或被人弱杀、或病患数者致命而已。然有勒杀类乎自缢；溺死类乎投水；斗殴有在限内致命而实因病患身死；人力、女使因被捶挞在主家自害、自缢之类。理有万端，并为疑难。临时审察，切勿轻易，差之毫厘，失之千里。

凡检验疑难尸首，如刃物所伤透过者，须看内外疮口，大处为行刃处，小处为透过处。如尸首烂，须看其原衣服，比伤着去处。尸或覆卧，其右手有短刃物及竹头之类，自喉至脐下者，恐是酒醉攧倒，自压自伤。如近有登高处或泥，须看身上有无财物，有无损动处，恐因取物失脚自伤之类。

检妇人，无伤损处，须看阴门，恐自此入刀于腹内。离皮浅则脐上下微有血沁，深则无。多是单独人、求食妇人。

如男子，须看顶心，恐有平头钉；粪门，恐有硬物自此入。多是同行人，因丈夫年老、妇人年少之类也。

凡尸在身无痕损，唯面色有青黯，或一边似肿，多是被人以物搭口鼻及罨捂杀；或是用手巾布袋之类绞杀，不见痕，更看（顶）［项］上肉硬即是。切要者：手足有无系缚痕，舌上恐有嚼破痕，大小便二处恐有踏肿痕。若无此类，方看口内有无涎唾，喉间肿与不肿，如有涎及肿，恐患缠喉风[①]死，宜详。

若究得行凶人当来有窥谋，事迹分明，又已招伏，方可检出。若无影迹，即恐是酒醉[②]卒死。

多有人相斗殴了，各自分散。散后，或有去近江河、池塘边洗头面上血，或取水吃，却为方相打了，尚困乏，或因醉相打后，头旋落水淹死。落水时尚活，其尸腹肚膨胀，十指甲内有沙泥，两手向前，验得只是落水淹死。分明其尸上有殴击痕损，更不可定作致命去处，但一一札上验状，只定作落水致命，最捷。缘打伤虽在要害处，尚有辜限，在法虽在辜限内及限外以他故死者，各依本殴伤法。（注，他故谓别增余患而死者。）今既是落水身死，则虽有痕伤，其实是以他故致死分明。曾有验官为见头上伤损，却定作因打伤迷闷，不觉倒在水内。却将打伤处作致命，致招罪人翻异[③]不绝。

更有相打散，乘高扑下卓死亦然。但验失脚处高下，扑损痕瘢、致命要害处，仍须根究曾见相打分散证佐人。

凡验因争斗致死，虽二主分明，而尸上并无痕损，何以定要害致命处？此必是被伤人旧有宿患气疾[④]，或是未争斗以前，先曾饮酒至醉，至争斗时有所触犯，致气绝而死也。如此者，多是肾子或一个或两个缩上不见，须用温醋汤蘸衣服或棉絮之类罨一饭久，令仵作、行人以手按小腹下，其肾子[⑤]自下，即其验也。然后仔细看要害致命处。

昔有甲乙同行，乙有随身衣物，而甲欲谋取之，甲呼乙行，路至溪汀，欲渡中流，甲执乙就水而死。是无痕也，何以验之？先验其尸瘦劣、大小，十指甲各黑黯色，指甲及鼻孔内各有沙泥，胸前赤色，口唇青斑，腹肚胀。此乃乙劣而为甲之所执于水而致死也。当究甲之原情，须有赃证，以观此验，万无一失。

又有年老人，以手捂之，而气亦绝，是无痕而死也。

有一乡民，令外甥并邻人子将锄头同开山种粟，经再宿不归，及往观焉，乃二人俱死在山。遂闻官。随身衣服并在。牒官验尸。验官到地头，见一尸在小茅舍外，后项骨断，头面各有刃伤痕；一尸在茅舍内，左项下、右脑后各有刃伤痕。在外者，众曰“先被伤而死”；在内者，众曰“后自刃而死”。官司但以各有伤，别无财物，定两相拚杀。一验官独曰：“不然，若以情度情，作两相拚杀而死可矣；其舍内者，右脑后刃痕可疑，岂有自用刃于脑后者？手不便也[⑥]。”不数日间，乃缉得一人，因仇拚杀两人。悬案明，遂闻州，正极典。不然，二冤永无归矣。大凡相拚杀，余痕无疑，即可为检验。贵在精专，不可失误。

【注释】

①缠喉风：急性喉部疾病。可因喉部肿胀使呼吸道狭窄甚至堵塞，引起窒息，或者因一些毒素作用而导致死亡。

②酒醉：酒精中毒。

③翻异：指对于已经判定死刑的，罪犯或其家属可以申诉。对于“翻异”之案，应复审。

④气疾：中医病名。

⑤肾子：睾丸。

⑥岂有自用刃于脑后者？手不便也：“脑后”是枕部的俗称，古代认为自砍脑后不顺手，实际上并非绝对。

卷二

五、疑难杂说下

有检验被杀尸在路旁，始疑盗者杀之，及点检沿身衣物俱在，遍身镰刀斫伤十余处。检官曰："盗只欲人死取财，今物在伤多，非冤仇而何！"遂屏左右，呼其妻问曰："汝夫自来与甚人有冤仇最深？"应曰："夫自来与人无冤仇，只近日有某甲来做债，不得，曾有克期之言。然非冤仇深者。"检官默识其居，遂多差人分头告示侧近居民："各家所有镰刀尽底将来，只今呈验。如有隐藏，必是杀人贼，当行根勘。"俄而，居民赍[①]到镰刀七八十张。令布列地上。时方盛暑，内镰刀一张，蝇子飞集。检官指此镰刀问："为谁者？"忽有一人承当，乃是做债克期之人。就擒讯问，犹不伏。检官指刀令自看："众人镰刀无蝇子，今汝杀人，血腥气犹在，蝇子集聚[②]，岂可隐耶？"左右环视者失声叹服，而杀人者叩首服罪。

昔有深池中溺死人，经久，事属大家因仇事发。体究官见皮肉尽无，惟髑髅[③]、骸骨尚在，累委官不肯验，上司督责至数人，独一官员承当。即行就地检骨，先点检见得其他并无痕迹。乃取髑髅净洗，将净热汤瓶细细斟汤，灌从脑门穴入，看有无细泥沙屑自鼻孔窍中出，以此定是与不是生前溺水身死。盖生前落水，则因鼻息取气，吸入沙土，死后则无。

广右有凶徒谋死小童行，而夺其所赍。发觉，距行凶日已远。囚已招伏："打夺就推入水中。"尉司打捞已得尸于下流，肉已溃尽，仅留骸骨，不可辨验，终未免疑其假合，未敢处断。后因阅案卷，见初验体究官缴到血属所供，称其弟原是龟胸[④]而矮小。遂差官复验，其胸果然，方敢定刑。

南方之民，每有小小争竞，便自尽其命，而谋赖人者多矣。先以榉皮罨成痕损，死后如他物所伤。何以验之？但看其痕里面须深墨色，四边青赤，散成一痕，而无虚肿者，即是生前以榉皮罨成也。盖人生即血脉流行，与榉相扶而成痕。（若以手按着，痕损处虚肿，即非榉皮所罨也。）若死后以榉皮罨者，即苦无散远青赤色，只微有黑色，而按之不紧硬者，其痕乃死后罨之也。盖人死后血脉不行，致榉不能施其效。更在审详原情，尸首痕损那边长短，能合他物大小，临时裁之，必无疏误。

凡有死尸肥壮无痕损，不黄瘦，不得作病患死；又有尸首无痕损，只是黄瘦，亦不得据所见只作病患死检了，切须仔细验定因何致死。唯此等检验最误人也。

凡疑难检验，及两争之家稍有势力，须选惯熟仵作人，有行止畏谨守分贴司，并随马行，饮食水火，令人监之，少休以待其来。不知是，则私请行矣。假使验得甚实，吏或受赂，其事亦变。官吏获罪犹庶几，变动事情，枉致人命，事实重焉！

应检验死人，诸处伤损并无，不是病状，难为定验者，先须勒下骨肉次第等人状讫，然后剃除死人发髻，恐生前被人将刃物钉入囟门或脑中，杀害性命。

被残害者，须检齿、舌、耳、鼻内，或手足指甲中，有签刺⑤等害之类。

凡检验尸首，指定作被打后服毒身死、及被打后自缢身死、被打后投水身死之类，最须见得亲切，方可如此申上。世间多有打死人后，以药灌入口中，诬以自服毒药；亦有死后用绳吊起，假作生前自缢者；亦有死后推入水中，假作自投水者。一或差互，利害不小。今须仔细点检死人在身痕伤，如果不是要害致命去处，其自缢、投水及自服毒，皆有可凭实迹，方可保明。

【注释】

①赍（jī）：给。

②蝇子集聚：这里是用于判断致伤物的一种辅助方法。凶器上的血腥味能引来苍蝇，这种判断方法在科技不发达的古代有一定作用，但也存在很大的局限性。

③髑髅（dú lóu）：死者的头骨。

④龟胸：就是现在说的“鸡胸”，多由佝偻病引起。

⑤签刺：用尖细的硬物刺入。

六、初检

告状切不可信，须是详细检验，务要从实。

有可任公吏使之察访，或有非理等说，且听来报，自更裁度。

戒左右人，不得卤莽。

初检，不得称“尸首坏烂，不任检验”，并须指定要害致死之因。

凡初检时，如体问得是争斗分明，虽经多日，亦不得定作无凭检验[①]，招上司问难。须仔细定当痕损致命去处。若委是经日久变动，方称尸首不任摆拨。

初检尸有无伤损讫，就验处衬簟[②]尸首在物上，复以物盖。候毕，周围用灰印，记有若干枚，交与守尸弓手[③]、耆正副、邻人看守，责状附案，交与复检。免至被人残害伤损尸首也。若是疑难检验，仍不得远去，防（要）［复］检异同。

【注释】

①无凭检验：指无法检验。

②簟（diàn）：原指竹席，这里用作动词，同“垫”。

③弓手：古代协助维护治安的射手。

七、复检[①]

与前检无异，方可保明具申。万一致命处不明，痕损不同，如以药死作病死之类，不可概举。前检受弊，复检者乌可不究心察之，恐有连累矣。

检得与前验些小不同，迁就改正；果有大段违戾，不可依随。更再三审问干系等人，如众称可变，方据检得异同事理供申。不可据己见，便变易。

复检，如尸经多日，头面胖胀，皮发脱落，唇口翻张，两眼叠出[②]，蛆虫咂食，委实坏烂，不通措手，若系刃伤、他物、拳手足踢痕虚处，方可作无凭复检状申。如是他物及刃伤骨损，宜冲洗仔细验之，即须于状内声说致命，岂可作无凭检验申上？

复检官验讫，如无争论，方可给尸与亲属。无亲属者，责付本都埋瘗[③]，勒令看守，不得火化及散落。如有争论，未可给尸，且掘一坑，就所簟物舁尸安顿坑内，上以门扇盖，用土罨瘗作堆，周回用灰印印记，防备后来官司再检复，仍责看守状附案。

【注释】

①复检：初检之后的再检验，由上一级官员执行。

②两眼叠出：眼球内因充满腐败气体而突出的样子，表明尸

体已高度腐烂。

③瘗（yì）：葬。

八、验尸

身上件数，正头面：（有无髻子。）发长、（若干）顶心、囟门、发际、额、两眉、两眼、（或开或闭，如闭，擘开验眼睛全与不全。）鼻（两鼻孔）、口（或开或闭）、齿、舌、（如缢，舌有无抵齿。）颏、喉、胸、两乳、（妇人两奶膀[1]。）心、腹、脐、小肚、玉茎、阴囊、（次揣捻两肾子全与不全，妇人言产门，女子言阴门。）两脚大腿、膝、两脚臁肕、两脚胫、两脚面、十指爪。

翻身：脑后、乘枕、项、两胛、背脊、腰、两臀瓣（有无杖疤）、谷道、后腿、两曲脉[2]、两腿肚、两脚跟、两脚板。

左侧：左顶下、脑角、太阳穴、耳、面脸、颈、肩膊、肘、腕、臂、手、五指爪、（全与不全，或拳或不拳。）曲腋、胁肋、胯、外腿、外膝、外臁肕、脚踝。右侧亦如之。四缝[3]尸首须躬亲看验：顶心、囟门、两额角、两太阳、喉下、胸前、两乳、两胁肋、心、腹、脑后、乘枕、阴囊、谷道，并系要害致命之处，（妇人看阴门、两奶膀。）于内若一处有痕损在要害，或非致命，即令仵作指定喝起。

众约死人年几岁，临时须仔细看颜貌供写，或问血属尤真。

凡检尸，先令多烧苍术、皂角[4]，方诣尸前。检毕，约三五步，令人将醋泼炭火上[5]，行从上过，其秽气自然去矣。

多备葱、椒、盐、白梅[6]，防其痕损不见处，借以拥罨。仍带一砂盆并捶，研上件物。

凡检复，须在专一，不可避臭恶。切不可令仵作、行人遮闭玉茎、产门之类，大有所误。仍仔细验头发内、谷道、产门内，虑有铁钉或他物在内。

检出致命要害处，方可押两争及知见亲属令见，切不可容令近前，恐损害尸体。

被伤处须仔细量长阔、深浅、小大，定致死之由。

仵作、行人受嘱，多以芮（一作茜。）草投醋内，涂伤损处，痕皆不见。以甘草汁解之，则见。

人身本赤黑色，死后变动作青[illegible]色[7]，其痕未见。有可疑处，先将水洒湿，后将葱白拍碎令开，涂痕处，以醋蘸纸盖上，候一时久除去，以水洗，其痕即见。

若尸上有数处青黑，将水滴放青黑处，是痕则硬，水住不流；不是痕处软，滴水便流去[8]。

验尸并骨伤损处，痕迹未见，用糟、醋泼罨尸首，于露天以新油绢或明油雨伞覆欲见处，迎日隔伞看，痕即见。若阴雨以熟炭隔照，此良法也。或更隐而难见，以白梅捣烂，摊在欲见处，再拥罨看。犹未全见，再以白梅取肉，加葱、椒、盐、糟一处研，拍作饼子，火上煨令极热，烙损处，下先用纸衬之，即见其损。

昔有二人斗殴，俄顷，一人仆地气绝，见证分明。及验出，尸乃无痕损。检官甚挠。时方寒，忽思得计，遂令掘一坑，深二尺余，依尸长短，以柴烧热得所，置尸坑内，以衣物覆之。良久，觉尸温，出尸以酒醋泼纸贴，则致命痕伤遂出。

拥罨检讫，仵作、行人喝四缝尸首，谓：尸仰卧，自头喝：顶心、囟门全，额全，两额角全，两太阳全，两眼、两眉、两耳、两腮、两肩并全，胸、心、脐、腹全，阴肾全，（妇人云产门全，女人云阴门全。）两髀、腰、膝、两臁肋、两脚面、十指爪并全。

左手臂、肘、腕并指甲全，左肋并胁全，左腰、胯及左腿、脚并全。

右亦如之。

翻转尸：脑后、乘枕全，两耳后、发际连项全，两背胛连脊全，两腰眼、两臀并谷道全，两腿、两后脉、两腿肚、两脚跟、两脚心并全。

【注释】

①奶膀：乳房。

②曲脉（qiū）：腿弯，即腘窝。

③四缝：指前后左右。

④先令多烧苍术（cāng zhú）、皂角：古代验尸前先烧苍术、皂角以去秽气。

⑤将醋泼炭火上：醋有除臭功效，古代用此办法为验尸者进行化学除臭。

⑥白梅：由未成熟的梅果经盐水浸泡而成，为酸剂，涂敷于伤口，可使伤痕显现。

⑦青贮（ōu）色：贮指用油浸渍，青贮色指泛青。

⑧"若尸上有数处青黑"一句：这里用滴水试验判断伤痕的方法并不科学。

九、妇人

凡验妇人，不可羞避。

若是处女，劄四至讫，舁出光明平稳处。先令坐婆[1]剪去中指甲，用绵札。先勒死人母亲及血属并邻妇二三人同看。验是与不是处女，令坐婆以所剪甲指头入阴门内，有黯血出是，无即非[2]。

若妇人有胎孕，不明致死者，勒坐婆验腹内委实有无胎孕。如有孕，心下至肚脐，以手拍之，坚如铁石，无即软[3]。

若无身孕，又无痕损，勒坐婆定验产门内，恐有他物。

有孕妇人被杀，或因产子不下身死，尸经埋地窖，至检时却有死孩儿，推详其故。盖尸埋顿地窖，因地水火风[4]吹，死人尸首胀满，骨节缝开，故逐出腹内胎孕孩子。亦有脐带之类，皆在尸脚下。产门有血水、恶物流出。

若富人家女使，先量死处四至了，便扛出大路上，检验有无痕损，令众人见，以避嫌疑。

附：小儿尸并胞胎

有因争斗而杀子谋人者。将子手足捉定，用脚跟于喉下踏死。只令仵作、行人以手按其喉必塌，可验真伪。[5]

凡定当小儿骸骨，即云："十二三岁小儿。"若驳问："如何不定是男是女？"即解云："某当初只指定十二三岁小儿，即不曾说是男是女，盖律称儿，不定作儿是男女也。"

堕胎者，准律未成形像杖一百，堕胎者徒三年。律云："堕，谓打而落。"谓胎子落者。按《五藏神论》："怀胎一月如白露；二月如桃花；三月男女分；四月形像具；五月筋骨成；六月毛发生；七月动右手，是男于母左；八月动左手，是女于母右；[6]九月三转身；十月满足。"

若验得未成形像，只验所堕胎作血肉一片或一块。若经日坏烂，多化为水。若所堕胎已成形像者，谓头脑、口、眼、耳、鼻、手、脚、指甲等全者，亦有脐带之类。令收生婆定验月数、定成人形或未成形，责状在案。

堕胎儿在母腹内被惊后死，胎下者，衣胞[7]紫黑色，血荫[8]软弱。生下腹外死者，其尸淡红赤，无紫黑色，及胞衣白。

【注释】

①坐婆：即接生婆，又称稳婆。

②“验是与不是处女”一句：此处的做法并无科学依据，是错误的。

③“如有孕”一句：此处用拍打妇女腹部测试软硬来判断是否有孕，这个做法有很大的局限性。

④地水火风：古印度认为一切物质的基础为“地水火风”这四大元素。这段话认为死后分娩是自然力的作用，这种认识并不科学。

⑤此段的意思是检查小孩喉部有无塌陷，就此可以判断是否为踏喉致死，实际上这种做法并不科学。

⑥七月动右手，是男于母左；八月动左手，是女于母右：此处以胎动位置判断胎儿性别，并没有科学依据。胎儿性别与胎动方位并无必然联系。

⑦衣胞：即胎衣，包裹胎儿和羊水的薄膜状囊腔。

⑧血荫：损伤部位流出的血液，有助于判断死者生前的损伤。

十、四时变动[1]

春三月，尸经两、三日，口、鼻、肚皮、两胁、胸前，肉色微青。经十日，则鼻、耳内有恶汁流出，胖（匹缝切，胀臭也。）胀[2]。肥人如此，久患瘦劣人，半月后方有此证。

夏三月，尸经一、两日，先从面上、肚皮、两胁、胸前肉色变动。经三日，口鼻内汁流，蛆出，遍身胖胀，口唇翻，皮肤脱烂，疱疹起。经四、五日，发落[3]。

暑月罨尸，损处浮皮多白，不损处却青黑，不见的实痕。设若避臭秽，据见在检过，往往误事。稍或疑处，浮皮须令剥去，如有伤损，底下血荫分明。更有暑月九窍内未有蛆虫，却于太阳穴、发际内、两胁、腹内，先有蛆出，必此处有损。

秋三月，尸经二、三日，亦先从面上、肚皮、两胁、胸前肉色变动。经四、五日，口鼻内汁流，蛆出，遍身胖胀，口唇翻，疱疹起。经六、七日，发落。

冬三月，尸经四、五日，身体肉色黄紫，微变。经半月以后，先从面上、口、鼻、两胁、胸前变动。

或安在湿地，用荐席裹角埋瘗，其尸卒难变动。更详月头月尾，按春秋节气定之。

盛热，尸首经一日即皮肉变动，作青黯色，有气息。经三、四日，皮肉渐坏，尸胀，蛆出，口鼻汁流，头发渐落。

盛寒，五日如盛热一日时，半月如盛热三、四日时。

春秋气候和平，两、三日可比夏一日，八、九日可比夏三、四日。

然人有肥瘦老少，肥少者易坏，瘦老者难坏。[④]

又南北气候不同，山内寒暄不常，更在临时通变审察。

【注释】

①四时变动：指尸体在不同季节有不同的变化。

②胖胀：肿胀。

③发落：尸体腐败，毛发脱落。

④然人有肥瘦老少，肥少者易坏，瘦老者难坏：这种说法有一定的科学性。

十一、洗罨[①]

宜多备糟、醋。衬尸纸惟有藤连纸、白抄纸可用，若竹纸[②]，见盐醋多烂，恐侵损尸体。

舁尸于平稳光明地上，先干检一遍，用水冲洗。次挼皂角洗涤尸垢腻，又以水冲荡洁净。（洗时下用门扇、箪席衬，不惹尘土。）洗了，如法用糟、醋拥罨尸首。仍以死人衣物尽盖，用煮醋淋，又以荐席罨一时久，候尸体透软，即去盖物，以水冲去糟、醋，方验。不得信行人说，只将酒、醋泼过，痕损不出。

初春与冬月，宜热煮醋及炒糟令热。仲春与残冬，宜微热。夏秋之内，糟、醋微热，以天气炎热，恐伤皮肉。秋将深，则用热，尸左右手、肋相去三四尺，加火熁[③]，以气候差凉。冬雪寒凛，尸首僵冻，糟、醋虽极热，被衣重叠拥罨，亦不得尸体透软。当掘坑，长阔于尸，深三尺，取炭及木柴遍铺坑内，以火烧令通红，多以醋沃之，气勃勃然，方连拥罨法物、衬簟舁尸置于坑内，仍用衣被覆盖，再用热醋淋遍。坑两边相去二三尺，复以火烘。约透，去火，移尸出验。冬残春初，不必掘坑，只用火烘两边。看节候详度。

湖南风俗，检死人皆于尸旁开一深坑，用火烧红，去火入尸在坑内，泼上糟、醋，又四面有火逼，良久，扛出尸。或行凶人争痕损，或死人骨属相争不肯认，至于有三四次扛入火坑重检者。人尸至三四次经火，肉色皆焦赤，痕损愈不分明，行吏因此为奸。未至一两月间，肉皆溃烂。及其家有论诉，差到复检官时，已是数月，止有骨殖，肉上痕损并不得而知。火炕法独湖南如此，守官者宜知之。

【注释】

①洗罨（yǎn）：使尸体变软，使伤痕显现的方法。

②竹纸：与前面的“藤连纸”“白抄纸”均为纸的名称。

③熁（xié）：烘烤。

十二、验未埋瘗尸

未埋尸首，或在屋内地上，或床上，或屋后露天地上，或山岭、溪涧、草木上，并先打量顿尸所在四至、高低，所离某处若干。在溪涧之内，上去山脚或岸几许，系何人地上，地名甚处。若屋内，系在何处，及上下有无物色盖簟。讫，方可扛尸出验。

先剥脱在身衣服，或妇人首饰，自头上至鞋袜，逐一抄劄；或是随身行李，亦具名件。讫，且以温水洗尸一遍了，验。未要便用酒、醋。

剥烂衣服，洗了，先看其尸有无军号[①]，或额角、面脸上所刺大小字体，计几行或几字，是何军人。若系配隶[②]人，所配隶何州。军字亦须计行数。如经刺环[③]，或方或圆，或在手背、项上，亦计几个；内是刺字或环子，曾艾灸或用药取，痕迹黯淡及成疤瘢，可取竹削一篦子，于灸处挞之，可见。辨验色目[④]人讫，即看死人身上甚处有雕青[⑤]、有灸瘢，系新旧疮疤，有无脓血，计共几个；及新旧官杖疮疤，或背或臀；并新旧荆杖子痕，或腿或脚底；甚处有旧疮疖瘢，甚处是见患，须量见分寸；及何处有黯记之类，尽行声说。如无，亦开写。打量尸首，身长若干，发长[⑥]若干，年颜若干。

【注释】

①军号：宋代在士兵手背或脸上刺的军队番号。

②配隶：配役。犯人被发配至边远地服役。

③刺环：视犯人罪行程度在其特定部位刺字或刺环，永远无法去除。

④色目：职业、身份。

⑤雕青：即文身。

⑥发长：估量头发的长度。

十三、验已攒殡尸[1]

先验坟系何人地上，地名甚处。土堆一个，量高及长阔，并各计若干尺寸，及尸见攒殡在何人屋下，亦如前量之。

次看尸头脚所向，谓如头东脚西之类；头离某处若干，脚离某处若干。左右亦如之。对众爬开浮土，或取去攒砖，看其尸用何物盛簟。谓棺木，有无漆饰？席，有无沿缘[2]及箦簟之类？舁出开拆，取尸于光明处地上验之。

【注释】

①攒殡尸：待葬的尸体。

②沿缘：这里指席子的边饰。

十四、验坏烂尸

若避臭秽，不亲临，往往误事。

尸首变动，臭不可近，（常）［当］烧苍术、皂角辟之；用麻油涂鼻，或作纸摅子揾[①]油塞两鼻孔，仍以生姜小块置口内[②]；遇检，切用猛闭口，恐秽气冲入。量劄四至讫，用水冲去蛆虫、秽污，皮肉干净，方可验。未须用糟、醋，频令新汲水浇尸首四面。

尸首坏烂，被打或刃伤处痕损，皮肉作赤色，深重作青黑色，贴骨不坏[③]，虫不能食。

【注释】

①揾（wèn）：浸。

②以生姜小块置口内：验尸除臭的方法。

③贴骨不坏：紧贴骨头的地方不腐烂。事实上紧贴骨头的组织只是腐烂得较慢，并非不腐烂。

十五、无凭检验

凡检验无凭之尸[①]，宜说头发褪落，曲鬓、头面、遍身皮肉，并皆一概青黑，皷皮[②]坏烂，及被蛆虫咂破，骨殖显露去处。

如皮肉消化，宜说骸骨显露，上下皮肉并皆一概消化，只有些小消化不及，筋肉与骨殖相连。今来委是无凭检复，本人生前沿身上下有无伤损它故，及定夺年颜、形状、致死因依不得。兼用手揣捏得沿身上下，并无骨损去处。

【注释】

①无凭之尸：无从检验的尸体。古代条件所限，尸体腐烂仅剩白骨后无法检验。

②尰（tà）皮：指皮肤突起。

十六、白僵死瘁死[①]

先铺炭火，约与死人长阔，上铺薄布，可与炭等，以水喷微湿，卧尸于上。仍以布覆盖头面、肢体讫，再用炭火铺拥令遍，再以布覆之，复用水遍洒。一时久，其尸皮肉必软起。乃揭所铺布与炭看，若皮肉软起，方可以热醋洗之。于验损处，以葱、椒、盐同白梅和糟研烂，拍作饼子，火内煨令热，先于尸上用纸搭了，次以糟饼罨之，其痕损必见。[②]

【注释】

①白僵死瘁死：应作"白僵尸瘁尸"。白僵尸即白僵干尸，为经久不腐的干尸的一种。瘁尸为生前清瘦干瘪的尸体，也不易腐烂。

②"于验损处"一句：用葱、胡椒、盐、白梅和酒糟做成热饼敷烫尸体，可以使伤痕显现，为古代的一种验伤方法。

卷三

十七、验骨

人有三百六十五节[1]，按一年三百六十五日。

男子骨白，妇人骨黑[2]。（妇人生前出血如河水，故骨黑。如被毒药骨黑，须仔细详定。）

髑髅骨：男子自顶及耳并脑后共八片，（蔡州人有九片[3]。）脑后横一缝，当正直下至发际别有一直缝；妇人只六片，脑后横一缝[4]，当正直下无缝。

牙[5]有二十四，或二十八，或三十二，或三十六。

胸前骨[6]三条。

心骨[7]一片，嫩，如钱大。

项与脊骨[8]各十二节。

自项至腰共二十四椎骨，上有一大椎骨[9]。

肩井及左右饭匙骨[10]各一片。

左右肋骨[11]，男子各十二条，八条长，四条短；妇人各十四条。

男女腰间各有一骨[12]，大如手掌，有八孔，作四行。样⣿。

手、脚骨各二段，男子左、右手腕及左、右臁肕骨边，皆有捭骨[13]；（妇人无。）两脚膝头各有顩骨[14]，隐在其间，如大指大；手掌、脚板各五缝，手、脚大拇指并脚第五指各二节[15]，余十四指并三节。

尾蛆骨[16]，若猪腰子，仰在骨节下。

男子者其缀脊处凹，两边皆有尖瓣，如棱角，周布九窍。

妇人者其缀脊处平直，周布六窍。

大、小便处各一窍[17]。

骸骨各用麻、草小索或细篾串讫，各以纸签标号某骨，检验时不至差误。

【注释】

①人有三百六十五节：人体有二百零六块骨骼，这里认为是三百六十五块，并不符合实际。本篇不科学之处较多，骨骼命名也与现代医学不同。

②男子骨白，妇人骨黑：此说法错误。同一年龄段，男女骨骼颜色并无差别。

③蔡州人有九片：此说法错误，各民族男女的脑颅骨都是八块，以下“妇女只六片”的说法也是错误的。另外，这里未提及面颅骨（十五块）。

④脑后横一缝：这里指的可能是枕顶缝。横缝下男的有直缝、女的没有，这个说法不符合实际，枕骨是一整块，没有直缝。

⑤牙：这里关于牙的说法不准确。一般人恒牙出齐为

三十二颗。

⑥胸前骨：即胸骨，成年后原三段骨（胸骨柄、胸骨体、剑突）由软骨连接成为一体，这里“三条”的说法不正确。

⑦心骨：指胸骨剑突。

⑧项与脊骨：即脊椎骨，这里“各十二节”的说法不对。人体脊柱分颈椎（七块）、胸椎（十二块）、腰椎（五块）、骶椎（五块，融合成一块骶骨）、尾椎（四块，融合成一块尾骨）。

⑨大椎骨：并没有“大椎骨”一说。

⑩肩井及左右饭匙骨：肩井骨指锁骨，饭匙骨指肩胛骨。

⑪肋骨：男女肋骨均为左右各十二根，“妇人各十四条”的说法错误。

⑫腰间各有一骨：从描述及图形看，应为骶骨，但骶骨不属于腰部，而属臀部。

⑬捭（bǎi）骨：指上肢前臂外侧的桡骨和小腿胫骨外侧的腓骨。男女一样，“妇人无”的说法错误。

⑭龥（yǎn）骨：据其描述，并非指髌骨，人体无此骨。

⑮第五指各二节：说法不符合实际，应均为三节。

⑯尾蛆骨：即尾骨。下文说男子“周布九窍”、妇人“周布六窍”不正确，尾骨并没有孔。

⑰大、小便处各一窍：从人体骨骼结构看，此说法不符合事实。

十八、论骨脉要害去处

夫人两手指甲相连者小节，小节之后中节，中节之后者本节，本节之后肢骨之前生掌骨，掌骨上生掌肉，掌肉后可屈曲者腕，腕左起高骨者手外踝，右起高骨者手内踝，二踝相连生者臂骨，辅臂骨者髀骨[①]，三骨相继者肘骨[②]，前可屈曲者曲肘，曲肘上生者臑骨[③]，臑骨上生者肩髃[④]，肩髃之前者横髃骨[⑤]，横髃骨之前者髀骨[⑥]，髀骨之中陷者缺盆，缺盆之上者颈，颈之前者颡喉，颡喉之上者结喉[⑦]，结喉之上者颏，颏两旁者曲颔，曲颔两旁者颐[⑧]，颐两旁者颊车[⑨]，颊车上者耳，耳上者曲鬓，曲鬓上行者顶，顶前者囟门，囟门之下者发际，发际正下者额，额下者眉，眉际之末者太阳穴，太阳穴前者目，目两旁者两小眦，两小眦上者上睑，下者下睑，正位能瞻视者目瞳子。瞳近鼻者两大眦，近两大眦者鼻山根，鼻山根上印堂，印堂上者脑角，脑角下者承枕骨。脊骨下横生者髋骨，髋骨两旁者钗骨[⑩]，钗骨下中者腰门骨。钗骨上连生者腿骨，腿骨下可屈曲者曲脉，曲脉上生者膝盖骨，膝盖骨下生者胫骨，胫骨旁生者骭骨，骭骨下左起高大者两足外踝，右起高大者两足右踝[⑪]。胫骨前垂者两足趺骨，趺骨前者足本节[⑫]，本节前者小节，小节相连者足指甲，指甲后生者足前趺，趺后凹陷者足心，下生者足掌骨，掌骨后生者踵肉，踵肉后者脚跟也。

检滴骨亲[13]法，谓如：某甲是父或母，有骸骨在，某乙来认亲生男或女，何以验之？试令某乙就身刺一两点血，滴骸骨上，是亲生则血沁入骨内，否则不入。俗云“滴骨亲”，盖谓此也。

检骨须是晴明。先以水净洗骨，用麻穿定形骸次第，以簟子盛定。却锄开地窖一穴，长五尺，阔三尺，深二尺，多以柴炭烧煅，以地红为度，除去火，却以好酒二升、酸醋五升泼地窖内，乘热气扛骨入穴内，以藁荐遮定，蒸骨一两时。候地冷，取去荐，扛出骨殖，向平明处，将红油伞遮尸骨验。若骨上有被打处，即有红色路、微荫；骨断处其接续两头各有血晕色；再以有痕骨照日看，红活，乃是生前被打分明。骨上若无血荫，纵有损折，乃死后痕。切不可以酒醋煮骨，恐有不便处。此项须是晴明方可，阴雨则难见也。如阴雨，不得已则用煮法。以瓮一口，如锅煮物，以炭火煮醋，多入盐、白梅同骨煎，须着亲临监视，候千百滚取出，水洗，向日照，其痕即见[14]。血皆浸骨损处，赤色、青黑色，仍仔细验，有无破裂。

煮骨不得见锡，用则骨多黯，若有人作弊，将药物置锅内，其骨有伤处反白不见。（解法见《验尸》门。）

若骨或经三两次洗罨，其色白与无损同，何以辨之？当将合验损处骨以油灌之，其骨大者有缝，小者有窍，候油溢出则揩令干，向明照，损处油到即停住不行，明亮处则无损。

一法，浓磨好墨涂骨上，候干，即洗去墨。若有损处，则墨必浸入；不损则墨不浸。

又法，用新绵于骨上拂拭，遇损处，必牵惹绵丝起。折者，其色在骨断处两头。又看折处，其骨芒刺向里或外：殴打折者，芒刺在里；在外者非。

髑髅骨有他故处，骨青；骨折处带淤血。

仔细看骨上有青晕或紫黑晕：长是他物，圆是拳，大是头撞，小是脚尖。

四缝骸骨内一处有损折，系致命所在，或非要害，即令仵作行人指定喝起。

拥罨检讫，仵作行人喝四缝骸骨，谓：尸仰卧，自髑髅喝，顶心至囟门骨、鼻梁骨、颏颔骨，并口骨并全；两眼眶、两额角、两太阳、两耳、两腮脥骨并全；两肩井、两臆骨全；胸前龟子骨，心坎骨⑮全。

左臂、腕、手及髀骨全；左肋骨全；左胯、左腿、左臁肕、并髀骨及左脚踝骨、脚掌骨并全。右亦如之。

翻转喝，脑后、乘枕骨、脊下至尾蛆骨并全。

凡验原被伤杀死人，经日，尸首坏，蛆虫咂食，只存骸骨者，原被伤痕，血粘骨上，有干黑血为证。若无伤骨损，其骨上有破损，如头发露痕，又如瓦器龟裂，沉淹损路，为验。

殴死者，受伤处不至骨损，则肉紧贴在骨上，用水冲激亦不去，指甲蹙之方脱，肉贴处其痕损即可见。

验骨讫，自髑髅、肩井臆骨，并臂、腕、手骨，及胯骨、腰腿骨，臁肕、膝盖并髀骨，并标号左右。其肋骨共二十四茎，左右各十二茎，分左右，系：左第一、左第二、右第一、右第二之类。茎茎依资次题讫。内脊骨二十四节，亦自上题一、二、三、四，连尾蛆骨处号之；并胸前龟子骨、心坎骨亦号之，庶易于检凑。两肩、两胯、两腕皆有盖骨[16]，寻常不系在骨之数，经打伤损，方入众骨系数，不若拘收在数为良也。先用纸数重包定，次用油单纸三、四重裹了，用索子交眼扎系作三、四处，封头印押讫，用桶一只盛之，上以板盖，掘坑埋瘗，作堆标记，仍用灰印。

行在[17]有一种毒草，名曰贱草。煎作膏子售人，若以染骨，其色必变黑黯，粗可乱真。然被打若在生前，打处自有晕痕；如无晕而骨不损，即不可指以为痕，切须仔细辨别真伪。

【注释】

①辅臂骨者髀（bì）骨：臂骨指尺骨，髀骨在这里说的是桡骨。

②肘骨：据其描述，这里指的应是肘关节。

③臑（nào）骨：这里指的应为上臂的肱骨。

④髃（ǒu）：同“腢”，指肩。

⑤横髃骨：从所述部位看，似为肩胛骨。

⑥髀骨：从位置看，似乎是锁骨。

⑦颡（sǎng）喉：颡即额，颡喉似指甲状软骨下方的环状软骨。结喉：喉结。

⑧颏：下巴中部的突出部分。颔、颐：均指下巴。

⑨颊车：穴位，位于下颌角前上方。这里应该是指颞颌关节。

⑩钗骨：这里指髂骨。

⑪外踝、右踝：脚腕两侧突起部位称踝，内侧为内踝，外侧为外踝，左右脚均如此。此处“外踝”“右踝”说法不正确。

⑫足本节：指足部的跖骨。

⑬滴骨亲：古代用于亲子鉴定的方法，此法并不科学。

⑭向日照，其痕即见：骨骼洗净后对着阳光，若血液浸入骨髓，可能见到深色部位或血晕。

⑮肩井：这里指肩部。臆骨：指锁骨。龟子骨：指胸骨。心坎骨：指剑突。

⑯盖骨：除膝部有膝盖骨（髌骨）外，其余关节处并无“盖骨”，这里可能指的是关节面的纤维软骨。

⑰行在：天子所在的地方，这里指南宋都城临安（今杭州）。

十九、自缢

自缢身死者，两眼合，唇口黑，唇开露齿；若勒喉上即口闭，牙关紧，舌抵齿不出（又云齿微咬舌）；若勒喉下则口开，舌尖出齿门二分至三分；面带紫赤色[①]，口吻（两）[角]及胸前有吐涎沫；两手须握大拇指，两脚尖直垂下；腿上有血荫[②]，如火灸班痕，及肚下至小腹并坠下青黑色；大小便自出，大肠头或有一两点血。喉下痕紫赤色，或黑淤色，直至左右耳后发际，横长九寸以上至一尺以来。（一云丈夫合一尺一寸，妇人合一尺。）脚虚，则喉下勒深；实，则浅。人肥则勒深；瘦则浅。用细紧麻绳、草索在高处自缢，悬头顿身致死则痕迹深；若用全幅勒帛及白练项帕等物，又在低处则痕迹浅。低处自缢，身多卧于下，或侧，或覆。侧卧，其痕斜起横喉下；覆卧，其痕正起在喉下，止于耳边，多不至脑后发际下。

自缢处须高八尺以上，两脚悬虚，所踏物须倍高如悬虚处；或在床、椅、火炉、船仓内，但高二三尺以来，亦可自缢而死。

若经泥雨，须看死人赤脚或着鞋，其踏上处有无印下脚迹。

自缢，有活套头、死套头、单系十字[③]、缠绕系。须看死人踏甚物入头在绳套内，须垂得绳套宽入头方是。

活套头，脚到地并膝跪地亦可死。

死套头，脚到地并膝跪地亦可死。

单系十字，悬空方可死；脚尖稍到地亦不死。

单系十字，是死人先自用绳带自系项上后，自以手系高处。须是先看上头系处尘土，及死人踏甚处物，自以手攀系得上向绳头着方是。上面系绳头处，或高或大，手不能攀，及不能上，则是别人吊起。更看所系处物伸缩，须是头坠下，去上头系处一尺以上，方是。若是头紧抵上头，定是别人吊起。

缠绕系，是死人先将绳带缠绕项上两遭，自踏高系在上面，垂身致死。或是先系绳带在梁栋或树枝上，双襻垂下，踏高入头在襻内，更缠过一两遭。其痕成两路：上一路缠过耳后，斜入发际；下一路平绕项行。吏畏避驳（杂）[难]，必告检官，乞只申一痕，切不可信。若除了上一痕，不成自缢；若除下一痕，正是致命要害去处。或复检官不肯相同书填格目，血属有词，再差官复检出，为之奈何？须是据实，不可只作一条痕检。其相叠与分开处，作两截量，尽取头了，更重将所系处绳带缠过，比并阔狭并同，任从复检，可无后患。

凡因患在床，仰卧将绳带等物自缢者，则其尸两眼合，两唇皮开，露齿咬舌，出一分至二分，肉色黄，形体瘦，两手拳握，臀后有粪出，左右手内多是把自缢物色至系紧，死后只在手内。须量两手拳相去几寸以来。喉下痕迹紫赤，周围长一尺余，结缔在喉下，前面分数较深。曾被救解，则其尸肚胀，多口不咬舌，臀后无粪④。

若真自缢，开掘所缢脚下穴三尺以来，究得火炭[⑤]，方是。

或在屋下自缢，先看所缢处，楣梁、枋桁之类，尘土滚乱至多，方是。如只有一路无尘，不是自缢。

先以杖子于所系绳索上轻轻敲，如紧直乃是；或宽慢即是移尸。大凡移尸别处吊挂，旧痕挪动，便有两痕。

凡验自缢之尸，先要见得在甚地分、甚街巷、甚人家、何人见？本人自用甚物？于甚处搭过？或作十字死襻系定；或于项下作活襻套。却验所着衣新旧，打量身四至，东、西、南、北至甚物？面觑甚处？背向甚处？其死人用甚物踏上？上量头悬去所吊处相去若干尺寸？下量脚下至地相去若干尺寸？或所缢处虽低，亦看头上悬挂索处，下至所离处，并量相去若干尺寸。对众解下，扛尸于露明处，方解脱自缢套绳，通量长若干尺寸；量围喉下套头绳围长若干，项下交围，量到耳后发际起处，阔狭、横斜、长短，然后依法检验。

凡验自缢人，先问原申人，其身死人是何色目人？见时早晚？曾与不曾解下救应？申官时早晚？如有人识认，即问：自缢人年若干？作何经纪？家内有甚人？却因何在此间自缢？若是奴仆，先问雇主讨契书辨验，仍看契书上有无亲戚？年多少？更看原吊挂踪迹去处。如曾解下救应，即问解下时有气脉无气脉，解下约多少时死，切须仔细。

大凡检验，未可便作自缢致命，未辨仔细。凡有此，只可作其人生前用绳索系咽喉下或上要害，致命身死，以防死人别有枉横。且如有人睡着，被人将索勒死，吊起所在，其检官如何见得是自缢致死？宜仔细也。

多有人家女使、人力，或外人于家中自缢，其人不晓法，避见臭秽及避检验，遂移尸出外吊挂，旧痕移动，致有两痕。旧痕紫赤有血荫[6]；移动痕只白色无血荫。移尸事理甚分明，要公行根究，开坐生前与死后痕。盖移尸不过杖罪，若漏落不具，复检官不相照应，申作两痕，官司必反见疑，益重干连人之祸。

尸首日久坏烂，头吊在上，尸侧在地，肉溃见骨。但验所吊头。其绳若入槽（谓两耳连颔下深向骨本者），及验两手腕骨、头脑骨，皆赤色者是。（一云齿赤色[7]，及十指尖骨赤色者是。）

【注释】

①面带紫赤色：这里说法不全。面部颜色有可能呈紫红或青灰，也可能为灰白色或无改变。

②腿上有血荫：指瘀血。

③单系十字：指打单结。

④“曾被救解”一句：此句说法不符合科学道理。自缢过程中曾被解救的，肚皮不一定会发胀，而粪便也有可能外溢。

⑤火炭：即木炭。尸体脚下挖三尺深的坑，找到木炭的为自

缢。这个说法毫无依据，不可信。

⑥血荫：这里指的是皮下出血。

⑦齿赤色：牙齿变为紫红色，因牙髓腔血管瘀血或破裂出血而致。

二十、打勒死假自缢

自缢，被人勒杀或算杀假作自缢，甚易辨。真自缢者，用绳索、帛之类系缚处，交至左右耳后，深紫色，眼合唇开，手握齿露。缢在喉上则舌抵齿；喉下则舌多出。胸前有涎滴沫，臀后有粪出。若被人打勒杀，假作自缢，则口眼开，手散发慢，喉下血脉不行，痕迹浅淡，舌不出，亦不抵齿，项上肉有指爪痕，身上别有致命伤损去处[①]。

惟有生勒未死间，即时吊起，诈作自缢，此稍难辨。如迹状可疑，莫若检作勒杀，立限捉贼也。

凡被人隔物或窗棂或林木之类勒死，伪作自缢，则绳不交。喉下痕多平过[②]，却极深，黑黯色，亦不起于耳后发[际]。

绞勒喉下死者，结缔[③]在死人项后，两手不垂下[④]，纵垂下亦不直，项后结交，却有背倚柱等处或把衫襟皱着。即喉下有衣衫领黑迹，是要害处气闷身死。

凡检被勒身死人，将项下勒绳索，或是诸般带系，临时仔细声说，缠绕过遭数，多是于项后当正或偏左右系定，须有系不尽垂头处。其尸合面地卧，为被勒时争命，须是揉扑得头发或角子散慢，或沿身上有磕擦着痕。

凡被勒身死人，须看觑尸身四畔，有扎磨踪迹去处。

又有死后被人用绳索系扎手脚及项下等处，其人已死，气血不行，虽被系缚，其痕不紫赤，有白痕可验。死后系缚者，无血荫，系缚痕虽深入皮，即无青紫赤色，但只是白痕。

有用火篦烙成痕，但红色或焦赤，带湿不干。

【注释】

①本段所列举的区分自缢和伪装自缢的方法并不科学，不可信。

②平过：呈水平状。

③结缔：即绳结。缔指死结。

④两手不垂下：此说法不对。死后肌肉松弛，由于重力作用，两手会下垂。

二十一、溺死

若生前溺水尸首，男仆卧，女仰卧[①]。头面仰，两手、两脚具向前，口合，眼开闭不定，两手拳握，腹肚胀，拍着响，（落水则手开，眼微开，肚皮微胀。投水则手握，眼合，腹内急胀。）两脚底皱白不胀，头髻紧，头与发际、手脚爪缝、或脚着鞋则鞋内各有沙泥，口鼻内有水沫，及有些小淡色血污，或有磕擦损处。此是生前溺水之验也。（盖其人未死必须争命，气脉往来，搐水入肠，故两手自然拳曲，脚罅缝各有沙泥，口鼻有水沫流出，腹内有水胀也。）

若检复迟，即尸首经风日吹晒，遍身上皮起，或生白疱。

若身上无痕，面色赤，此是被人倒提水揾死②。

若尸面色微赤，口鼻内有泥水沫，肚内有水，腹肚微胀，真是淹水身死。

若因病患溺死，则不计水之深浅，可以致死，身上别无它故。

若疾病身死，被人抛掉在水内，即口鼻无水沫，肚内无水，不胀，面色微黄，肌肉微瘦。

若因患倒落泥渠内身死者，其尸口眼开③，两手微握。身上衣裳并口、鼻、耳、发际并有青泥污者，须脱下衣裳，用水淋洗，酒喷其尸。被泥水淹浸处，即肉色微白，肚皮微胀，指甲有泥。

若被人殴打杀死，推在水内，入深则胀，浅则不甚胀；其尸肉色带黄不白，口眼开，两手散，头发宽慢，肚皮不胀，口、眼、耳、鼻无水沥流出，指爪罅缝并无沙泥，两手不拳缩，两脚底不皱白，却虚胀。身上有要害致命伤损处，其痕黑色，尸有微瘦。临时看验，若检得身上有损伤处，录其痕迹。虽是投水，亦合押合干人赴官司推究。

诸自投井、被人推入井、自失脚落井，尸首大同小异，皆头目有被砖石磕擦痕，指甲毛发有沙泥，腹胀，侧覆卧之，则口内水出。别无它故，只作落井身死，即投井、推入在其间矣。所谓落井小异者，推入与自落井则手开、眼微开，腰身间或有钱物之类；自投井则眼合手握，身间无物④。

大凡有故入井，须脚直下；若头在下，恐被人赶逼，或它人推送入井。若是失脚，须看失脚处土痕。

自投河、被人推入河，若水稍深阔，则无磕擦沙泥等事；若水浅狭，亦与投井、落井无异。大抵水深三四尺皆能淹杀人。验之果无它故，只作落水身死，则自投、推入在其间矣。若身有绳索，及微有痕损可疑，则宜检作被人谋害，置水身死。不过立限⑤捉贼，切勿恤一捕限，而贻罔测之忧。

诸溺河池，（行运者谓之河，不行运者谓之池。）检验之时，先问原申人：早晚见尸在水内？见时便只在今处，或自漂流而来？若是漂流而来，即问是东、西、南、北？又如何流到此便住？如何申官？如称见其人落水，即问：当时曾与不曾救应？若曾救应，其人未出水时已死，或救应上岸才死？或即申官，或经几时申官？

若在江、河、陂、潭、池塘间，难以打量四至，只看尸所浮在何处。如未浮打捞方出，声说在何处打捞见尸。池塘或坎阱有水处可以致命者，须量见浅深丈尺，坎阱则量四至。江、河、陂、潭尸起浮或见处地岸，并池塘坎阱系何人所管，地名何处。

诸溺井之人，检验之时，亦先问原申人，如何知得井内有人？初见有人时，其人死未？既知未死，因何不与救应？其尸未浮，如何知得井内有人？若是屋下之井，即问：身死人自从早晚不见？却如何知在井内？凡井内有人，其井面自然先有水沫⑥，以此为验。

量井之四至，系何人地上？其地名甚处？若溺尸在底，则不必量，但约深若干丈尺，方攎尸出。

尸在井内，满胀则浮出尺余，水浅则不出。若出，看头或脚在上在下，先量尺寸；不出，亦以丈竿量到尸近边尺寸，亦看头或脚在上、在下。

检溺死之尸，水浸多日，尸首胖胀，难以显见致死之因，宜申说：头发脱落，头目胖胀，唇口番张，头面连遍身上下皮（血）［肉］，并皆一概青黑、褪皮。验是本人在井或河内，死后水浸，经隔日数，致有此。今来无凭检验本人沿身有无伤损它故，又定夺年颜、形状不得，只检得本人口鼻内有沫⑦，腹胀。验得前件尸首委是某处水溺身死，其水浸更多日，无凭检验，即不用申说致命因依。

初春雪寒，经数日方浮，与春、夏、秋末不侔。

凡溺死之人，若是人家奴婢或妻女，未落水先已曾被打，在身有伤，今次又的然见得是自落水或投井身死，于格目内亦须分明具出伤痕，定作被打复溺水身死。

投井死人，如不曾与人交争，验尸时面目头额有利刃痕，又依旧带血，似生前痕，此须看井内有破瓷器之属，以致伤着。人初入井时，气尚未绝，其痕依旧带血，若验作生前刃伤，岂不利害！

【注释】

①男仆卧，女仰卧：溺死的尸体浮起后是仰卧还是俯卧，取决于重心的位置，而非性别。

②揾死：指溺死。此句说法不全面，尸体面红并不能作为被人倒提溺水的依据。

③尸口眼开：此说法过于绝对，尸体口眼可开也可不开。

④“所谓落井小异者”一句：此句无依据，手眼或开或合，与他杀还是自杀并无直接关系。

⑤立限：限期破案。宋朝时规定，杀人案等限定案发后三十日内捕获罪犯。

⑥凡井内有人，其井面自然先有水沫：说法片面，井面有泡沫未必表明井内有人。

⑦口鼻内有沫：这里指尸体高度腐败，口鼻内冒出的是腐败气泡。

卷四

二十二、他物手足伤死

律云：见血为伤[①]。非手足者，其余皆为他物，即兵不用刃，亦是。

伤损条限：手足十日，他物二十日。

斗讼敕：诸啮人者，依“他物法”。

元符敕《申明刑统》：以靴鞋踢人伤，从官司验定，坚硬即从他物，若不坚硬，即难作他物例。

或额、肘、膝拶，头撞致死，并作他物痕伤。

诸他物是铁鞭、尺、斧头、刀背、木杆棒、马鞭、木柴、砖、石、瓦、粗布鞋、衲底鞋、皮鞋、草鞋之类。

若被打死者，其尸口眼开[②]，发髻乱，衣服不齐整，两手不拳，或有溺污内衣。

若在辜限外死，须验伤处是与不是在头，及因破伤风灌注，致命身死。

应验他物及手足殴伤，痕损须在头面上、胸前、两乳、胁肋旁、脐腹间、大小便二处，方可作要害致命去处。手足折损亦可死，其痕周匝有血荫[③]，方是生前打损。

诸用他物及头额、拳手、脚足、坚硬之物撞打，痕损颜色其至重者紫黯微肿，次重者紫赤微肿，又其次紫赤色，又其次青色。其出限外痕损者，其色微青。

凡他物打着，其痕即斜长或横长；如拳手打着即方圆；如脚足踢，比如拳（寸）[手]分寸较大。（凡伤痕大小定作手足他物，当以上件物比定，方可言分寸。）凡打着两日身死，分寸稍大，毒气蓄积向里，可约得一两日后身死；若是打着当下身死，则分寸深重，毒气紫黑，即时向里，可以当下身死。

诸以身去就物谓之磕。虽着无破处，其痕方圆；虽破，亦不至深。其被他物及手足伤，皮虽伤而血不出者，其伤痕处有紫赤晕④。

凡行凶人若用棒杖等行打，则多先柱实处。其被伤人或经一、两时辰，或一、两日，或三、五日以至七、八日，十余日身死。又有用坚硬他物行打，便致身死者，更看痕迹轻重。若是先驱捽⑤被伤人头髻，然后散拳踢打，则多在虚怯要害处，或一拳一脚便致命。若因脚踢着要害处致命，切要仔细验认行凶人脚上有无鞋履，防日后问难。

凡他物伤，若在头脑者，其皮不破，即须骨肉损也。若在其他虚处，即临时看验。若是尸首左边损，即是凶身行右物致打顺故也；若是右边损，即损处在近后，若在右前，即非也。若在后，即又虑凶身自后行他物致打。贵在审之无失。

看其痕大小，量见分寸，又看几处皆可致命，只指一重害处，定作虚（法）［怯］要害致命身死。

打伤处皮膜相离，以手按之即响[6]，以热醋罨，则有痕。

凡被打伤杀死人，须定最是要害处致命身死。若打折脚手，限内或限外死时，要详打伤分寸阔狭后，定是将养不较，致命身死。面颜岁数，临时声说。

凡验他物及拳、踢痕，细认斜长方圆，皮有微损。未洗尸前，用水洒湿，先将葱白捣烂涂，后以醋糟，候一时除，以水洗，痕即出。

若将榉木皮罨成痕，假作他物痕，其痕内烂损黑色，四周青色，聚成一片，而无虚肿，捺不坚硬。

又有假作打死，将青竹篦火烧烙之，却只有焦黑痕，又浅而光平。（更不坚硬。）

【注释】

①见血为伤：宋朝法典对损伤的定义为“有出血即为损伤”，这是比较片面的。

②被打死者，其尸口眼开：说法不对，被打死者未必口眼开。

③血荫：这里指生前的损伤所致的出血。

④紫赤晕：皮下出血向周围扩散开，形成边缘模糊的血色痕迹，也称血晕。

⑤捽（zuó）：揪住。

⑥打伤处皮膜相离，以手按之即响：指皮肤未裂开的损伤，

皮肤与皮下软组织剥离，触碰时会有响声。

二十三、自刑[①]

凡自割喉下死者，其尸口眼合，两手拳握，臂曲而缩，（死人用手把定刃物，似作力势，其手自然拳握。）肉色黄，头髻紧[②]。

若用小刀子自割，只可长一寸五分至二寸；用食刀，即长三寸至四寸以来；若用瓷器，分数不大。逐件器刃自割，并下刃一头尖小，但伤着气喉即死[③]。

若将刃物自斡[④]着喉下、心前、腹上、两胁肋、太阳、顶门要害处，但伤着膜[⑤]，分数虽小即便死；如割斡不深，及不系要害，虽三、两处，未得致死。若用左手，刃必起自右耳后，过喉一、二寸；用右手，必起自左耳后。伤在喉骨上难死，盖喉骨坚也。在喉骨下易死，盖喉骨[⑥]下虚而易断也。其痕起手重，收手轻。（假如用左手把刃而伤，则喉右边下手处深，左边收刃处浅，其中间不如右边。盖下刃太重，渐渐负痛缩手，因而轻浅，及左手须似握物是也。右手亦然。）

凡自割喉下，只是一出刀痕，若当下身死时，痕深一寸七分，食系、气系[⑦]并断；如伤一日以下身死，深一寸五分，食系断，气系微破；如伤三、五日以后身死者，深一寸三分，食系断，须头髻角子散慢。[⑧]

更看其人面愁而眉皱，即是自割之状（此亦难必）。

若自用刀剁下手并指节者，其皮头皆齐，必用药物封扎。虽是刃物自伤，不能当下身死，必是将养不较致死。其痕肉皮头卷向里；如死后伤者，即皮不卷向里，以此为验。

又有人因自用口齿咬下手指者，齿内有风着于痕口，多致身死，少有生者⑨。其咬破处疮口一道，周回骨折，必有浓水淹浸，皮肉损烂。因此，将养不较，致命身死。其痕有口齿迹，及有皮血不齐去处。

验自刑人，即先问原申人：其身死人是何色目人？自刑时或早或晚？用何刃物？若有人来识认，即问：身死人年若干？在生之日，使左手、使右手？如是奴婢，即先讨契书看，更问：有无亲戚，及已死人使左手、使右手？并须仔细看验痕迹去处。

更须看验，在生前刃伤，即有血行；死后即无血行。

【注释】

①自刑：自伤和自杀。

②头髻紧：头发不散开。

③伤着气喉即死：刺伤气管不一定致死。现代临床医学中急救时就会用到气管切开术。

④斡：刺，割。

⑤膜：这里指的是血管。

⑥喉骨：指甲状软骨。这里“喉骨下虚”的说法有误，甲状软骨并不坚硬，也易被割断。

⑦食系、气系：食管、气管。

⑧这一段对于伤后死亡时间与伤口深浅关系的分析并不全面。

⑨口齿咬下手指者，齿内有风着于痕口，多致身死，少有生者：这一观点与实际并不符，咬断手指还是可以治愈的。

二十四、杀伤

凡被人杀伤死者，其尸口眼开，头髻宽或乱，两手微握，所被伤处要害分数较大，皮肉多卷凸。若透膜[①]，肠脏必出。

其被伤人见行凶人用刃物来伤之时，必须争竞，用手来遮截，手上必有伤损。或有来护者，亦必背上有伤着处。若行凶人于虚怯[②]要害处一刃直致命者，死人手上无伤，其疮必重。若行凶人用刃物斫着脑上、顶门、脑角、后发际，必须斫断头发，如用刀剪者。若头顶骨折，即是尖物刺着，须用手捏着其骨损与不损。

若（木）［尖］刃斧痕，上阔长，内必狭。大刀痕，浅必狭，深必阔。刀伤处，其痕两头尖小，无起手、收手[③]轻重。枪刺痕，浅则狭，深必透簳，其痕带圆。或只用竹枪、尖竹担斡着要害处，疮口多不齐整，其痕方圆不等。

凡验被快利物伤死者，须看原着衣衫有无破伤处，隐对痕血点可验。又如刀剔伤肠肚出者，其被伤处，须有刀刃撩划三两痕[④]。且一刀所伤，如何却有三两痕？盖凡人肠脏盘在左右胁下，是以撩划着三两痕。

凡检刀枪刃斫剔，须开说：尸在甚处、向当、着甚衣服，上有无血迹，伤处长、阔、深分寸[⑤]，透肉不透肉；或肠肚出，背膜出，作致命处。仍检刃伤衣服穿孔。如被竹枪尖物剔伤致命，便说：尖硬物剔伤致死。

凡验杀伤，先看是与不是刀刃等物，及生前死后痕伤。如生前被刃伤，其痕肉阔，花纹交出；若肉痕齐截，只是死后假作刃伤痕。如生前刃伤，即有血汁，及所伤痕疮口皮肉血多花鲜色，所损透膜即死。若死后用刀刃割伤处，肉色即干白，更无血花也。（盖人死后血脉不行，是以肉色白[⑥]也。）

此条仍责取行人定验，是与不是生前、死后伤痕。

活人被刃杀伤死者，其被刃处皮肉紧缩，有血荫四畔。若被人支解着，筋骨皮肉稠粘，受刃处皮肉骨露[⑦]。

死人被割截，尸首皮肉如旧，血不灌荫，被割处皮不紧缩，刃尽处无血流，其色白。纵痕下有血，洗检[⑧]，挤捺，肉内无清血出，即非生前被刃。

更有截下头者，活时斩下，筋缩入；死后截下，项长，并不伸缩。

凡检验被杀身死尸首，如是尖刃物，方说“被刺要害”；若是齐头刃物，即不说“刺”字。如被伤着肚上、两肋下或脐下，说长阔分寸后，便说：“斜深透内脂膜[9]，肚肠出，有血污，验是要害被伤割处，致命身死。”若是伤着心前、肋上，只说：“斜深透内，有血污，验是要害致命身死。”如伤着喉下，说：“深至项，锁骨损，兼周回所割得有方圆不齐去处，食系、气系并断，有血污，致命身死。”可说：“要害处。”如伤着头面上，或太阳穴、脑角、后发际内，如行凶人刃物大，方说骨损；若脑浆出时，有血污，亦定作要害处致命身死。如斫或刺着沿身不拘那里，若经隔数日后身死，便说：“将养[10]不较，致命身死。”

凡验被杀伤人，未到验所，先问原申人：曾与不曾收捉得行凶人？是何色目人？使是何刃物？曾与不曾收得？刃物如收得，取索看大小，着纸画样；如不曾收得，则问刃物在甚处？亦令原申人画刃物样。画讫，令原申人于样下书押字。更问原申人：其行凶人与被伤人是与不是亲戚？有无冤仇？

【注释】

①透膜：指穿透腹壁。

②虚怯：柔软的部位。

③起手、收手：指切割时的起刀、收刀，砍伤并无起刀、收刀之分。

④三两痕：一刀形成多处伤痕。

⑤长、阔、深分寸：用以记录伤口大小。

⑥肉色白：死后损伤的一种现象。

⑦皮肉骨露：此现象表明为生前损伤。

⑧洗检：用于区别是生前损伤还是死后损伤。生前伤口血渍洗不掉，死后伤口血渍可洗去。

⑨脂膜：指腹网膜。

⑩将养：这里是抢救的意思。

二十五、尸首异处

凡验尸首异处，勒家属先辨认尸首。务要仔细打量尸首顿处四至。讫，次量首级离尸远近，或左、或右，或去肩脚若干尺寸。支解手臂、脚腿，各量别计，仍各写相去尸远近。却随其所解肢体与尸相凑，提捧首与项相凑[①]，围量分寸，一般系刃物斫落。若项下皮肉卷凸，两肩井耸皱[②]，系生前斫落；皮肉不卷凸，两肩井不耸皱，系死后斫落。

【注释】

①相凑：拼凑，衔接。

②耸皱（chuò）：骨耸皮脱。

二十六、火死

凡生前被火烧死者，其尸口鼻内有烟灰，两手脚皆拳缩[①]；（缘其人未死前被火逼奔争，口开气脉往来，故呼吸烟灰入口鼻内。）若死后烧者，其人虽手足拳缩，口内即无烟灰；若不烧着两肘骨及膝骨，手脚亦不拳缩。

若因老病失火烧死，其尸肉色焦黑或卷，两手拳曲，臂曲在胸前，两膝亦曲，口眼开，或咬齿及唇，或有脂膏黄色突出皮肉。[②]

若被人勒死抛掉在火内，头发焦黄，头面、浑身烧得焦黑，皮肉搐皱，并无暗浆黇皮[③]去处，项下有被勒着处痕迹。

又若被刃杀死，却作火烧死者，勒仵作拾起白骨，扇去地下灰尘，于尸首下净地上，用酽[④]米醋、酒泼。若是杀死，即有血入地鲜红色。须先问尸首生前宿卧所在，却恐杀死后移尸往他处，即难验尸下血色。

大凡人屋或瓦或茅盖，若被火烧，其死尸在茅瓦之下；或因与人有仇，乘势推入烧死者，其死尸则在茅瓦之上。兼验头足，亦有向至。

如尸被火化尽，只是灰，无条段骨殖者，勒行人、邻证供状："缘上件尸首，或失火烧毁，或被人烧毁，即无骸骨存在，委是无凭检验。"方与备申。

凡验被火烧死人，先问原申人：火从何处起？火起时其人在甚处？因甚在彼？被火烧时，曾与不曾救应？仍根究曾与不曾与人作闹？见得端的，方可检验。

或检得头发焦拳，头、面连身一概焦黑，宜申说：“今来无凭检验本人沿身上下有无伤损他故，及定夺年颜形状不得。只检得本人口鼻内有无灰烬，委是火烧身死。”如火烧深重，实无可凭，即不要说口鼻内灰烬。

【注释】

①拳缩：四肢蜷曲的样子。

②本段描述的是长时间高温作用下，脂肪溢出的样子，很难以此判断死者为老年病患。

③暗浆攱皮：指起水疱、脱皮。

④酽（yàn）：浓醇。

二十七、汤泼死[①]

凡被热汤泼伤者，其尸皮肉皆拆[②]，皮脱白色，着肉者亦白，肉多烂赤[③]。如在汤火内，多是倒卧，伤在手足、头面、胸前。如因斗打或头撞、脚踏、手推在汤火内，多是两后脨与臀腿上。或有打损处，其疱不甚起，与其他所烫不同。

【注释】

①汤泼死：被温度极高的液体烫死。

②拆：同“坼”，开裂。

③烂赤：溃烂，颜色鲜红。

二十八、服毒

凡服毒死者，尸口眼多开，面紫黯或青色，唇紫黑，手、足指甲俱青黯，口、眼、耳、鼻间有血出[①]。

甚者，遍身黑肿，面作青黑色，唇卷发疱，舌缩或裂拆，烂肿微出，唇亦烂肿或裂拆，指甲尖黑，喉、腹胀作黑色、生疱，身或青斑，眼突，口、鼻、眼内出紫黑血，须发浮不堪洗。未死前须吐出恶物，或泻下黑血，谷道肿突，或大肠穿出[②]。

有空腹服毒，惟腹肚青胀，而唇、指甲不青者；亦有食饱后服毒，惟唇、指甲青而腹肚不青者；又有腹脏虚弱老病之人，略服毒而便死，腹肚、口唇、指甲并不青者，却须参以他证。

生前中毒，而遍身作青黑，多日皮肉尚有，亦作黑色。若经久，皮肉腐烂见骨，其骨黪黑色[③]。

死后将毒药在口内假作中毒，皮肉与骨只作黄白色。

凡服毒死，或时即发作，或当日早晚，若其药慢，即有一日或二日发。或有翻吐，或吐不绝，仍须于衣服上寻余药，及死尸坐处寻药（初）[物]、器皿之类。

中蛊毒[④]，遍身上下、头面、胸心并深青黑色，肚胀，或口内吐血，或粪门内泻血。

鼠莽草[5]毒，（江南有之。）亦类中蛊，加之唇裂，齿龈青黑色。此毒经一宿一日，方见九窍有血出。

食果实、金石药[6]毒者，其尸上下或有一二处赤肿，有类拳手伤痕，或成大片青黑色，爪甲黑，身体肉缝微有血，或腹胀，或泻血。

酒毒，腹胀，或吐、泻血。

砒霜、野葛毒，得一伏时[7]，遍身发小疱，作青黑色，眼睛耸出，舌上生小刺疱绽出，口唇破裂，两耳胀大，腹肚膨胀，粪门胀绽，十指甲青黑。

金蚕蛊毒，死尸瘦劣，遍身黄白色，眼睛塌，口齿露出，上下唇缩，腹肚塌。将银钗验，作黄浪色，用皂角水洗不去。一云如是：只身体胀，皮肉似汤火疱起，渐次为脓，舌头、唇、鼻皆破裂，乃是中金蚕蛊毒之状。

手脚指甲及身上青黑色，口鼻内多出血，皮肉多裂，舌与粪门皆露出，乃是中药毒、菌蕈毒之状。

如因吐泻瘦弱，皮肤微黑不破裂，口内无血与粪门不出，乃是饮酒相反之状[8]。

若验服毒，用银钗，皂角水揩洗过，探入死人喉内，以纸密封，良久取出，作青黑色，再用皂角水揩洗，其色不去；如无，其色鲜白。

如服毒、中毒死人，生前吃物压下，入肠脏内，试验无证，即自谷道内试，其色即见。

凡检验毒死尸，间有服毒已久，蕴积在内，试验不出者。须先以银或铜钗探入死人喉，讫，却用热糟醋自下罨洗，渐渐向上，须令气透，其毒气熏蒸，黑色始现。如便将热糟醋自上而下，则其毒气逼热气向下，不复可见。或就粪门上试探，则用糟醋当反是。

又一法，用大米或占米[9]三升炊饭，用净糯米一升淘洗了，用布袱盛，就所炊饭上炊馈[10]。取鸡子一个，（鸭子亦可。）打破取白，拌糯米饭令匀，依前袱起，着在前大米、占米饭上，以手三指紧握糯米饭如鸭子大，毋令冷，急开尸口，齿外放着，及用小纸三、五张，搭遮尸口、耳、鼻、臀、阴门之处，仍用新绵絮三、五条，酽醋三、五升，用猛火煎数沸，将棉絮放醋锅内煮半时取出，仍用糟盘罨尸，却将棉絮盖覆。若是死人生前被毒，其尸即肿胀，口内黑臭恶汁喷来棉絮上，不可近，后除去棉絮。糯米饭被臭恶之汁亦黑色而臭，此是受毒药之状；如无，则非也。试验糯米饭封起，申官府之时，分明开说。此检验诀，曾经大理寺看定。

广南人小有争怒赖人，自服胡蔓草，一名断肠草，形如阿魏，叶长尖，条蔓生，服三叶以上即死。干者或收藏经久，作末食亦死。如方食未久，将大粪汁灌之可解。其草近人则叶动。将嫩叶心浸水，涓滴入口，即百窍溃血。其法：急取抱卵不生鸡儿，研细和麻油开口灌之，乃尽吐出恶物而苏。如少迟，无可救者。

【注释】

①有血出：古代认为服毒致死的人会七窍流血，这种认识并不正确。中毒后未必有出血现象。

②大肠穿出：即脱肛，直肠脱出。

③黪（cǎn）黑色：浅青黑色。

④蛊毒：即虫毒，有毒昆虫的毒素。

⑤鼠莽草：有毒植物。中其毒后可有出血现象。

⑥金石药：矿物质类药。

⑦一伏时：一昼夜，即二十四小时。

⑧此段说的是酒精中毒致死。

⑨占米：黏米。

⑩馈（fēn）：米煮半熟。

二十九、病死

凡因病死者，形体羸瘦，肉色痿黄，口眼多合，腹肚低陷，两眼通黄，两拳微握，发髻解脱，身上或有新旧针灸瘢痕，余无他故，即是因病死。

凡病患求乞在路死者，形体瘦劣，肉色痿黄，口眼合，两手微握，口齿焦黄，唇不着齿。

邪魔中风卒死[1]，尸多肥，肉色微黄，口眼合，头髻紧，口内有涎沫，遍身无他故。

卒死，肌肉不陷，口鼻内有涎沫，面色紫赤。盖其人未死时，涎壅于上，气不宣通，故面色及口鼻如此。

卒中[②]死，眼开睛白，口齿开，牙关紧，间有口眼㖞斜，并口两角、鼻内涎沫流出，手脚拳曲。

中暗风[③]，尸必肥，肉色浘[④]白色，口眼皆闭，涎唾流溢。卒死于邪祟，其尸不在于肥瘦，两手皆握，手足爪甲多青。或暗风如发惊搐死者，口眼多㖞斜，手足必拳缩，臂腿手足细小，涎沫亦流。（以上三项大略相似，更须检时仔细分别。）

伤寒死，遍身紫赤色，口眼开，有紫汗流，唇亦微绽，手不握拳。

时气[⑤]死者，眼闭口开，遍身黄色，（量）［略］有薄皮起，手足俱伸。

中暑死，多在五、六、七月，眼合，舌与粪门俱不出，面黄白色。

冻死者，面色痿黄，口内有涎沫，牙齿硬，身直，两手紧抱胸前，兼衣服单薄。检时，用酒、醋洗，得少热气，则两腮红，面如芙蓉色，口有涎沫出，其涎不粘。此则冻死证。

饥饿死者，浑身黑瘦、硬直，眼闭口开，牙关紧禁，手脚俱伸。

或疾病死，值春、夏、秋初，申得迟，经隔两三日，肚上脐下，两胁肋骨缝，有微青色[⑥]。此是病人死后，经日变动，腹内秽污发作，攻注皮肤，致有此色。不是生前有他故，切宜仔细。

凡验病死之人，才至检所，先问原申人：其身死人来自何处？几时到来？几时得病？曾与不曾申官，取责口词？有无人识认？如收得口词，即须问：原患是何疾病？年多少？病得几日方申官，取问口词？既得口词之后，几日身死？如无口词，则问：如何取口词不得？若是奴婢，则须先讨契书看，问：有无亲戚？患是何病？曾请是何医人？吃甚药？曾与不曾申官取口词？如无，则问不责口词因依，然后对众证定。如别无他故，只取众定验状，称说："遍身黄色，骨瘦，委是生前因患是何疾致死。"仍取医人定验疾色状一纸。如委的众证因病身死分明，原初虽不曾取责口词，但不是非理致死，不须牒请复验。

【注释】

①卒死：即猝死，突然发病而死。

②卒中：中风。

③中暗风：亦是中风。从描述的症状看，可能是脑血管栓塞或破裂出血而致死亡。

④滉（huàng）：形容水深广的样子。

⑤时气：指瘟疫，古代较为常见。这里可能指的是霍乱。

⑥微青色：这里指的是尸体腐败的绿斑。

三十、针灸死[1]

须勾[2]医人验针灸处，是与不是穴道，虽无意致杀，亦须说显是针灸杀，亦可科医"不应为罪[3]"。

【注释】

①针灸死：针灸刺激过度致死。这种现象在现代仍可能发生。

②勾：拘传，即官衙发出拘票传唤。

③不应为罪：不应为而为之，一种罪名。

三十一、劄口词

凡抄劄口词，恐非正身[1]，或以它人伪作病状，代其饰说。一时不可辨认，合于所判状内云："日后或死亡申官，从条检验。"庶使豪强之家[2]，预知所警。

【注释】

①正身：指本人。

②豪强之家：豪门大户，有财有势的人。

卷五

三十二、验罪囚死

凡验诸处狱内非理致死囚人，须当径申提刑司，即时入发递铺[①]。

【注释】

①递铺：邮驿站，用于递送公文。

三十三、受杖死

定所受杖处疮痕阔狭，看阴囊及妇人阴门，并两胁肋、腰、小腹等处，有无血荫痕。

小杖痕，左边横长三寸，阔二寸五分；右边横长三寸五分，阔三寸。各深三分。

大杖痕，左右各方圆三寸至三寸五分，各深三分，各有脓水，兼疮周回亦有脓水，淹浸皮肉溃烂去处。

背上杖疮，横长五寸，阔三寸，深五分。如日浅时，宜说：兼疮周回有毒气攻注，青赤、皵皮、紧硬去处。如日数多时，宜说：兼疮周回亦有脓水，淹浸皮肉溃烂去处，将养不较，致命身死。

又有讯腿杖，而荆杖侵及外肾[①]而死者，尤须细验。

【注释】

①外肾：阴囊。

三十四、跌死[①]

凡从树及屋临高跌死者，看枝柯[②]挂掰[③]所在，并屋高低，失脚处踪迹，或土痕高下，及要害处须有抵隐或物擦磕痕瘢。若内损致命痕者，口、眼、耳、鼻内定有血出；若伤重分明，更当仔细验之，仍量扑落处高低丈尺。

【注释】

①跌死：从高处跌落而死。本节认为身体内部有致命伤，必定有血液自眼耳口鼻流出，这一观点较片面。

②枝柯：枝干。

③挂掰：掰折挂绊。

三十五、塌压死[①]

凡被塌压死者，两（腿）［眼］脱出，舌亦出，两手微握，遍身死血淤紫黯色，或鼻有血，或清水出。伤处有血荫赤肿，皮破处四畔赤肿；或骨并筋皮断折。须压着要害致命，如不压着要害不致死。死后压即无此状。

凡检舍屋及墙倒石头脱落压着身死人，其尸沿身虚怯要害去处，若有痕损，须说长阔分寸，作坚硬物压痕，仍看骨损与不损。若树木压死，要见得所倒树木斜伤着痕损分寸。

【注释】

①塌压死：倒塌的重物压迫人体，使体内重要器官受损或引起窒息，均可导致死亡。

三十六、压塞口鼻死

凡被人以衣服或湿纸搭口鼻死，则腹干胀[①]。

若被人以外物压塞口鼻，出气不得后命绝死者，眼开睛突，口鼻内流出清血水，满面血荫[②]赤黑色，粪门突出，及便溺污坏衣服。

【注释】

①腹干胀：此说法不正确。见本书《检复总说下》注释。

②满面血荫：闷捂口鼻致死者，面部瘀血，可见小出血点，但并非“满面血荫”。

三十七、硬物瘾痁[①]死

凡被外物瘾痁死者，肋后有瘾痁着紫赤肿，方圆三寸、四寸以来，皮不破，用手揣捏得筋骨伤损，此最为虚怯要害致命去处。

【注释】

①瘾痁（diàn）：凸起的意思。痁为“茝”的通假字，指垫衬。

三十八、牛马踏死

凡被马踏死者，尸色微黄，两手散，头发不慢[①]，口鼻中多有血出，痕黑色。被踏要害处便死，骨折，肠脏出[②]；若只筑倒，或踏不着要害处，即有皮破瘾赤黑痕，不致死。驴足痕小。

牛角触者，若皮不破，伤亦赤肿。触着处多在心头、胸前，或在小腹、胁肋，亦不可拘。

【注释】

①不慢：不乱。

②肠脏出：牛马踏死者一般以内伤为主，脏器未必会冒出，除非腹壁破裂。

三十九、车轮拶[①]死

凡被车轮拶死者，其尸肉色微黄，口眼开，两手微握，头髻紧。

凡车轮头拶着处，多在心头胸前，并两胁肋。要害处便死，不是要害不致死。

【注释】

①拶（zā）：挤压。

四十、雷震死

凡被雷震死者，其尸肉色焦黄，浑身软黑，两手拳散，口开眼皱，耳后发际焦黄[①]，头髻披散，烧着处皮肉紧硬而挛缩，身上衣服被天火烧烂（或不火烧）。伤损痕迹，多在脑上及脑后，脑缝多开，鬓发如焰火烧着。从上至下，时有手掌大片浮皮紫赤[②]，肉不损，胸、项、背、膊上，或有似篆文痕[③]。

【注释】

①耳后发际焦黄：并非所有雷震死者都有这一现象，应该是偶然情况。

②大片浮皮紫赤：为电流电热作用所致斑块，全身均可出现。

③似篆文痕：受雷击后形成的花纹。

四十一、虎咬死

凡被虎咬死者，尸肉色黄，口眼多开，两手拳握，发髻散乱，粪出。伤处多不齐整，有（血）[舌]舐齿咬痕迹。

虎咬人，多咬头项上，身上有爪痕掰损痕。伤处成窟，或见骨，心头、胸前、臂腿上有伤处。地上有虎迹，勒画匠画出虎迹，并勒村甲及伤人处邻人供责为证。（一云[①]：虎咬人，月初咬头项，月中咬腹背，月尽咬两脚。猫儿咬鼠亦然。）

【注释】

①一云：以下内容并没有科学依据，动物咬人的部位不可能与日期有关系。

四十二、蛇虫伤死

凡被蛇虫伤致死者，其被伤处微有啮损黑痕，四畔[①]青肿，有青黄水流，毒气灌注四肢，身体光肿，面黑[②]。如检此状，即须定作毒气灌着甚处致死。

【注释】

①四畔：四周。

②面黑：毒蛇咬伤部位可造成组织坏死，呈紫黑色。若咬伤部位不是面部，一般面色并不会发黑。

四十三、酒食醉饱死

凡验酒食醉饱致死者，先集会首等，对众勒仵作行人用醋汤洗检。在身如无痕损，以手拍死人肚皮膨胀而响者，如此即是因酒食醉饱过度，腹胀心肺致死[①]。仍取本家亲的骨肉供状，述：死人生前常吃酒多少致醉，及取会首等状，今来吃酒多少数目，以验致死因依。

【注释】

①酒食醉饱过度，腹胀心肺致死：饮食过饱，过度充盈的胃部压迫膈肌，使呼吸困难，或诱发心脏疾病致死。

四十四、筑踏内损死

凡人吃酒食至饱，被筑[①]踏内损，亦可致死[②]。其状甚难明，其尸外别无他故，唯口、鼻、粪门有饮食并粪，带血流出。遇此形状，须仔细体究，曾与人交争，因而筑踏。见人照证分明，方可定死状。

【注释】

①筑：这里指重重地击打。

②酒食至饱，被筑踏内损，亦可致死：饮食过饱使胃极度扩张，胃壁变薄，受外力重击易导致破裂；胃内容物呕出，可倒吸堵塞气管，也可引起腹膜炎、大出血等，这些因素均可致死。

四十五、男子作过死

凡男子作过太多，精气耗尽[①]，脱死于妇人身上者，真伪不可不察。真则阳不衰[②]，伪者则痿。

【注释】

①精气耗尽：这个说法与事实不符，男子不可能在性生活中因精气耗尽而亡。

②阳不衰：此说法不符合科学道理。

四十六、遗路死[①]

或是被打死者，扛在路旁，耆正只申官作遗路死尸，须是仔细。如有痕迹，合申官，多方体访。

【注释】

①遗路死：即遗路尸，路旁的无主尸。

四十七、仰卧停泊赤色

凡死人项后、背上、两肋、后腰、腿内、两臂上、两腿后、两曲脉、两脚肚子上下有微赤色[①]，验是本人身死后一向仰卧停泊，血脉坠下，致有此微赤色。即不是别致他故身死。[②]

【注释】

①微赤色：这里指的是尸斑。

②即不是别致他故身死：这里认为尸斑是正常的尸体现象，与死亡原因无关，这个观点是符合科学道理的。

四十八、虫鼠犬伤尸

凡人死后被虫鼠伤，即皮破无血[①]，破处周围有虫鼠啮痕踪迹，有皮肉不齐去处。若狗咬则痕迹粗大。

【注释】

①死后被虫鼠伤，即皮破无血：此说法并不全面，若虫鼠咬伤低处的皮肤，也可能流出血水。

四十九、发冢[①]

验是甚向，坟围长阔多少，被贼人开锄，坟土狼藉，锹锄开深尺寸，见板或开棺见尸。勒所报人具出：死人原装着衣服物色，有甚不见，被贼人偷去。

【注释】

①冢：坟墓。

五十、验邻县尸

凡邻县有尸在山林荒僻处，经久损坏，无皮肉，本县已作病死检了，却牒[①]邻县复。盖为他前检不明，于心未安，相攀复检。如有此类，莫若据直申：其尸见有白骨一副，手、足、头全，并无皮肉、肠胃。验是死经多日，即不见得因何致死。所有尸骨未敢给付埋殡，申所属施行。不可被公人绐[②]作无凭检验。

凡被牒往他县复检者，先具承牒时辰、起离前去事状，申所属官司。值夜止宿。及到地头，次第取责干连人罪状，致死今经几日，方行检验。如经停日久，委的皮肉坏烂，不任看验者，即具仵作行人等众状，称：尸首头、项、口、眼、耳、鼻、咽喉上下至心胸、肚脐、小腹、手脚等，并遍身上下尸胀臭烂，蛆虫往来咂食，不任检验。如稍可验，即先用水洗去浮蛆虫，仔细依理检验。

【注释】

①牒：发公文。

②绐（dài）：欺骗。

五十一、辟秽方[①]

【三神汤】 能辟死气

苍术（二两，米泔浸两宿，焙干。） 白术（半两。） 甘草（半两，炙。）

右为细末，每服二钱，入盐少许，点服。

【辟秽丹】 能辟秽气

麝香（少许。）　细辛（半两。）　甘松（一两。）川芎（二两。）

右为细末，蜜圆[2]如弹子大，久（窨）［窨］[3]为妙，每用一圆烧之。

【苏合香圆】　每一圆含化，尤能辟恶。

【注释】

①辟秽方：除尸臭的方子。

②圆：同“丸”。

③窨（yìn）：埋藏在地下。

五十二、救死方[1]

若缢，从早至夜，虽冷亦可救；从夜至早，稍难。若心下温，一日以上犹可救[2]。不得截绳，但款款抱解放卧，令一人踏其两肩，以手拔其发，常令紧，一人微微撚整喉咙，依元以手擦胸上散动之；一人磨搦臂足屈伸之。若已僵，但渐渐强屈之，又按其腹。如此一饭久，即气从口出，得呼吸。眼开，勿苦劳动，又以少官桂汤及粥饮与之，令润咽喉，更令二人以笔管吹其耳内。若依此救，无有不活者。

又法：紧用手罨其口，勿令通气，两时许，气急即活。[3]

又，用皂角、细辛等分为末，如大豆许，吹两鼻孔。

水溺一宿者尚可救。捣皂角以绵裹纳下部内，须臾出水即活。[④]

又，屈死人两足，着人肩上，以死人背贴生人背，担走，吐出水即活。[⑤]

又，先打壁泥一堵，置地上，却以死者仰卧其上，更以壁土覆之，止露口眼，自然水气翕入泥间，其人遂甦。[⑥]洪丞相在番阳，有溺水者，身僵气绝，用此法救即甦。

又，炒热沙覆死人面，上下着沙，只留出口、耳、鼻，沙冷湿又换，数易即甦。[⑦]

又，醋半盏，灌鼻中。[⑧]

又，绵裹石灰纳下部中，水出即活。[⑨]

又，倒悬，以好酒灌鼻中及下部。

又，倒悬解去衣，去脐中垢，令两人以笔管吹其耳。[⑩]

又，急解死人衣服，于脐上灸百壮。

暍[⑪]死于行路上，旋以刀器掘开一穴，入水捣之，却取烂浆以灌死者，即活[⑫]。中暍不省人事者，与冷水吃即死。但且急取灶间微热灰壅之，复以（以）稍热汤蘸手巾，熨腹胁间，良久甦醒，不宜便与冷物吃。

冻死，四肢直，口噤。有微气者，用大锅炒灰令暖，袋盛熨心上，冷即换之。候目开，以温酒及清粥稍稍与之。若不先温其心，便以火炙，则冷气与火争必死。又用毡或藁荐卷之，以索系，令二人相对踏，令滚转往来如衦[13]（古旱切，摩展衣也。）毡法，候四肢温即止。

魇死，不得用灯火照，不得近前急唤，多杀人。但痛咬其足跟及足拇指畔，及唾其面必活。[14]

魇不省者，移动些小卧处，徐徐唤之即省。夜间魇者，原有灯即存，原无灯切不可用灯照。

又用笔管吹两耳，及取病人头发二七茎，撚作绳，刺入鼻中。

又盐汤灌之。

又研韭汁半盏灌鼻中。冬用根亦得。

又，灸两足大拇指聚毛中三七壮。（聚毛乃脚指向上生毛处。）

又，皂角末，如大豆许，吹两鼻内，得嚏则气通，三四日者尚可救。

中恶客忤卒死。凡卒死，或先病及睡卧间忽然而绝，皆是中恶也。用韭黄心于男左女右鼻内，刺入六七寸，令目间血出即活。视上唇内沿，有如粟米粒，以针挑破。[15]

又，用皂角或生半夏末，如大豆许，吹入两鼻。

又，用羊屎烧烟薰鼻中。

又，绵浸好酒半盏，手按令汁入鼻中，及提其两手，勿令惊，须臾即活。

又，灸脐中百壮，鼻中吹皂角末，或研韭汁灌耳中。

又，用生菖蒲研取汁一盏灌之。

杀伤。凡杀伤不透膜者，乳香、没药各一皂角子大，研烂，以小便半盏、好酒半盏同煎，通口服。然后用花蕊石散，或乌贼鱼骨或龙骨为末，傅疮口上立止。

推官宋璪，定验两处杀伤，气偶未绝，亟令保甲各取葱白热锅炒熟，遍傅伤处，继而呻吟，再易葱，而伤者无痛矣。曾以语乐平知县鲍旗。及再会，鲍曰："葱白甚妙。乐平人好斗多伤，每有杀伤，公事未暇诘问，先将葱白傅伤损处，活人甚多，大辟为之减少。"出《张声道经验方》。

胎动不安。凡妇人因争斗胎不安，腹内气刺痛、胀、上喘者，

川芎（一两半）　当归（半两）

右为细末，每服二钱。酒一大盏，煎六分，炒生姜少许在内，尤佳。

又，用苎麻根一大把，净洗，入生姜三五片，水一大盏，煎至八分，调粥饭与服。

惊怖死者[16]，以温酒一两盃灌之，即活。

五绝及堕打卒死等，但须心头温煖，虽经日亦可救。先将死人盘屈在地上，如僧打坐状，令一人将死人头发控放低，用生半夏末以竹筒或纸简、笔管吹在鼻内。如活，却以生姜自然汁灌之，可解半夏毒。（五绝者，产、魅、缢、压、溺。治法，单方半夏一味。）

卒暴、堕攧、筑倒及鬼魇死，若肉未冷，急以酒调苏合香圆灌入口，若下喉去，可活。

【注释】

①救死方：即急救的方法。这里的“死”指的是濒死状态或假死状态，而非真正的死亡。若是真正死亡，则回天无力。本节介绍的急救方法，多数并不可信。

②一日以上犹可救：此说法不可信。上吊一日以上，人体的大部分组织器官已失活，不可救。

③本段所述方法不符合科学道理，此时应进行人工呼吸，若不给通气，只能加重窒息，加速死亡。

④本段观点不符合科学，淹死一夜的人不可能救活。此处的皂角塞肛，可用于通便，用于溺水者急救则无效。

⑤本段所述是使溺水未死者排出气管内和胃内液体的办法，之后仍应进行人工呼吸施救。

⑥“先打壁泥一堵”一句：这里所述方法无用，干泥不可能吸出呛入体内的水。

⑦本段所说的炒沙热敷，用于急救并无效果。

⑧本段所用的方法利用的是醋的刺激性，可使人打喷嚏、通气。

⑨本段所用的方法不可理解，生石灰可吸水，但遇水分解后会放出大量热，对人体损伤更大。

⑩本段所述方法对未死者能起一定作用。倒悬可排出气管内的水；去脐垢时可按摩此处的神阙穴；以笔管吹耳则有刺激作用。

⑪暍（yē）：中暑。

⑫取烂浆以灌死者，即活：向中暑高热者灌泥浆的方法有降温作用，对已死者自然无用。

⑬衦（gǎn）：用手展平衣服上的褶皱。

⑭本段所说的咬脚后跟可刺激太溪等穴位，咬拇指旁可刺激行间穴，可使梦魇惊厥者清醒。

⑮本段所说的韭菜塞鼻对于猝死者不会起作用，男左女右更是毫无根据。猝死者唇内侧也不会生出小疮。

⑯惊怖死者：这里指的应是受到惊吓而昏迷的人。

五十三、验状说

凡验状须开具：死人尸首原在甚处，如何顿放，彼处四至，有何衣服在彼，逐一各检劄名件。其尸首有无雕青、灸瘢，旧有何缺折肢体及伛偻、拳跛、秃头，青紫、黑色、红志、肉瘤、蹄踵[1]诸般疾状，皆要一一于验状声载，以备证验诈伪，根寻本原推勘。及有不得姓名人尸首，后有骨肉陈理者，便要验状证辨观之。今之验状，若是简略，具述不全，致妨久远照用。况验尸首，本缘非理，狱囚、军人、无主死人，则委官定验，兼官司信凭验状推勘，何可疏略？又况验尸失当，致罪非轻。当是任者，切宜究之！

【注释】

①蹄踵：手掌和脚掌上的茧。

附　录

说明

王又槐是我国清代中期著名的医学家，于嘉靖元年（1796）搜集各地验案，编撰成《洗冤录集证》。而后，同乡人士李观澜、阮其新、王又梧、张锡蕃多次补注校订，同时汇辑各种同类著作，辑为《补注洗冤录集证》，共为四卷，是《洗冤集录》增补注释本中流行较广的一种传本。

本附录选取该书第一卷检验总论、验伤及保辜总论，还有验尸、验骨的的相关内容，让读者了解更多的此类知识。需要说明的是，本文“张注”指的是张锡蕃，“阮注”指的是阮其新。部分篇目下的文内小字，为阮其新注，为保证阅读的流畅，以下相类情形将省略“阮注”二字。

检验总论

（张注：此章专论检验未死以前、既死以后、初死之尸，应检之尸分为四项，古人俱称检验。今以验尸为相验，拆蒸为检验，验伤及保辜总论云，斗殴重伤，即时亲行身死之日照状检验与此互相发明。）

事莫重于人命，罪莫大于死刑。杀人者抵，法固无恕，施刑失当，心则难安。故成招定狱，全凭尸伤检验为真。伤真招服，一死一抵，俾知法者畏法，民鲜过犯，保全生命必多。尚检验不真，死者之冤未雪，生者之冤又成。因一命而杀两命数命，仇报相循，惨何底止。人命重狱，关系匪小。

被伤之人，未死以前，全在官司据报，即时亲验，注明受伤在何要害之处，辨别轻重，立限保辜医治，冀其平复。即死后复验定抵，可免通身拆检之惨。至受伤已死人命，更须即日相验。尸未变动腐烂，伤之轻重分寸，易于执定填格；迟久尸溃肉化，恐防捏假溷真，此人命之第一关键也。（张注：律有讬故迁延不即检验致令尸变治罪之条。）

印官带领仵作迅速前往，令作奸犯科之徒忙中难以措置。相验初死之尸，先看顶心、发际、耳窍、鼻孔、喉内、粪门、产户，凡可纳物去处，恐防暗插钉签之类，无故，然后沿身相验。若果应检，须于未检之先，详鞫尸亲邻证凶犯，令实供明，某以何物，伤某何处，立明供状。随即亲督吏仵带同两造，齐至尸所，如法检报。定执要害致命，系在某伤，或见于体肤肢肉，或已破断入骨，青红紫黑颜色，围圆长短分寸，手足他物凶器，轻重新旧，比对伤痕，（张注：《洗冤录表》云，痕字有两解，言伤痕者，伤之痕也；言痕损者，痕字作“伤”字解。）件件明白。尸格挨次亲手填注，不得假手吏胥。（张注：不得假手吏胥者，即检验律所云必须亲临监视，不得转委吏卒是也。）切勿厌恶尸气，高坐远离，香烟熏隔，任听仵作喝报、吏胥填写，以致匿重报轻，减多增少。况人命自缢、自刎、服卤、服毒、火烧、水溺，种种致死不同，必细查审视，各情输服，方成信案。否则仵作吏书，作奸舞文。

检验之后，开凶犯之巧辩，尸亲之告发。讼师挑唆，光棍挟诈，每致狱案难成，别委检验，蒸骸剔骨，死者惨遭洗罨（音遏），生者拖累不堪，是皆检验不速不实之弊也。

凡检验，遇有大段疑难，须更广为访察，庶几无误。如斗殴限内身死，痕损不明，若有病色，会使医人、师巫救治之类，多因病患而死，若不访则不知也。然访察亦不可专任一人，仍宜善使之，不然，适足自误。（张注：此节言访察。）

凡人命事情，尸亲未会远出，不即时告发而告于一年之外，及不系有服之亲而旁人讦告，及不系正告事情而开于粘单之中者，不问虚实，俱不宜妄准。（张注：此节言不宜妄准。）

凡检尸，虽有亲属乞免检，亦须察其有无尸首在原地所，方可领状。（张注：此节言亲属乞免检。《洗冤录表》云：检验律有亲属告免检之条，虽沿旧例而剖析分明正当参看。）

有随行吏仵及合干系人，或声张四邻，先期纵其走避，只捉远邻，或老人、妇人、未及成丁塞责。（阮注：或不得已而用之，只可参互审问、终难凭以为实，全在斟酌。）又有行凶人，将切证真供，故令藏匿，自以亲密人或地客佃客，出官诬证不可不察。（张注：此节前段言老幼塞责，后段言亲密诬证。或声张，宋本作“多卖弄”。

凡行凶器仗，（张注：后杀伤条有辨验凶刀之法。）索之少缓，则行凶之家，藏匿移易，妆成疑狱，干系甚重。初时必先急为收索，（张注：行凶之家，宋本作“奸囚之家”。）以凭参照伤痕大小阔狭，定验无差。（阮注：或行凶器仗未到，不可分毫增减，防他日索到异同。张注：此节言急收凶器。）

凡检尸，须先令亲属及邻保识认是否本尸。或尸首经久，胖胀腐烂，识认不真，须先问原着甚衣服色样，有甚记号及身上有甚疤痣处，令分明立状讫，方可检验。（张注：此节言识认本尸。）

凡验状，（张注：验状即检验律之尸状，今称尸格。）须开具尸首，原在甚处，如何顿放，彼处四至，有何衣服在彼，逐一检点名件。其尸首有无雕青、针灸瘢痕，生前有何缺折肢体，及伛（音雨）偻（音楼曲背也），拳跛

（音跛），秃头，青紫黑红色痣，肉瘤蹄肿，诸般疾状，皆要一一于验状，声说开载以备推勘。及有不得姓名人尸首，后有亲属呈告者，须验状证辨。至狱囚军人无主死人，验状尤须详慎，不可稍有疏略。（张注：此节言填写尸格应将尸首生前有无残病等类一一开载。）

凡上官数批检问非以求同，正谓恐有冤抑，相与平反耳。若承委官员不以人命为重，或恐前官怨恨，不敢异同；（张注：令本管书吏仵作前往验办以免袒庇之弊。乾隆四十六年例。）或因犯者富豪，不肯开释；或观望上官之批语，以为从违；或描写向来之成案，以完已事。倘有毫发冤情，其罪重于初审。凡委勘人命重事，务须持虚秉公，细加鞫审。盖同勘一事，须定此事虚实；同勘一人，即系此人生死，不可有一毫私意于其间也。（张注：此节言上官委勘不可稍存私意。书役有犯命案，本官回避，禀请该上司委别州县带。）

致命重伤，当致命要害处，死于登时，或三日之内，原告干证。定执某物殴某处，只宜于所殴之处检验伤痕，既免死者翻尸，又免生者冤诬。盖人生自少至壮，或失足磕跌，或疾病捶按，或生疮被击，或负重着坚，血不流行。伤轻而新，着骨色红，日久则消；伤重而久，着骨色青，终身不散。常有原告证人，本说耳根一下打死，而通身检验，动辄数十处伤痕。上司以伤痕不对为驳词，问官增殴打情节为比对。有左右伤痕尺寸青红，不差分毫者，如云殴伤，岂两手执一般凶器？殴击时，更无轻重于其间乎？有昏夜醉后群殴，而定执为某人打某处，虽殴者亦不能自知其所殴之处，自记其所殴之数，而况证人乎？大抵共殴只坐殴人因由，检伤则重原伤的处。慎无刻舟胶柱，致有冤情；甚勿含糊模棱，致有歧误。（张注：此节言共殴只坐殴人因由，检伤则重原伤的处。致命重伤者，以伤重为致命也。当致命要害处者，即验尸条内所称致命处所也。虽伤重，终身不散，究与新伤有分。盖旧伤无晕，新伤有晕也。不散者，着骨伤重之色，瘀红紫之阴晕。日久气血熏蒸，渐渐解散，不比毙命之伤痕俱全也。旧伤有色而无晕，新伤则色癃俱全。明此自无不洗之冤矣。）

（验尸条云：某处有无雕青灸瘢疮癣，并一一声说。本门第八节亦曾论及，均应参看。《洗冤汇编》载：试将病死之人细为蒸刷，果全身一副白骨，则检验真足凭信，恐有旧时跌扑痕，贵审之无失。）

（此卷检骨辨生前死后条，亦言人身旧痕，如跌扑争殴、杖痕疮瘢，虽久不灭，但周匝无余晕，按之虚平，视之色黯，与新殴伤痕有辨。）（见检骨条正文）

凡聚众打人，最难定致命痕。如死人身上有两痕，皆可致命。此两痕若是一人下手，则一人问抵；若是两人下手，则一人偿命，一人不偿命。须是两痕内斟酌，得最重者为致命。（阮注：最重谓先论紧要处，次论伤痕浅深阔狭，当与斗殴律参看。）

（张注：此节言共殴最重者为致命。）

（先论紧要处，即所云致命要害处也。次论伤痕者，即论其伤之足致命与否，此当论必死之伤、速死之处，并共殴下手之先后及所用凶器之轻重，生死出入攸关，最宜详慎。手足他物条云：将身就物谓之磕，虽破亦不致深，盖据磕撞轻者及在仰面等处而言。若既用强推跌，安得妄报撞磕？（见《洗冤录表》）琐言云：物离手而伤及于人为击为掷，物在手而用以伤人为打为殴。）

凡伤多处只指定一痕，系要害致命。（张注：此节言伤多只定一痕。）

凡检问人命招由，多有混开磕撞伤痕，以致事无明决。夫将身就物谓之磕，与物相遇谓之撞。其伤止在仰面头额等处，自损不甚重，虽伤未必至死。原无向后磕撞，伤损背肋之理。若因斗殴打跌，致伤脑后背肋者，盖由凶犯用强推跌伤重因而致死。务要辨验仰面、仆面，看是重伤、轻伤，不得妄报磕撞伤痕，庶使刑无枉纵。

（张注：此节言不得妄报磕撞伤痕。）

（张注：检骨诸法，固已周备，然犹茫渺难凭。盖有色不分明。谓之黄亦可，谓之白亦可者，亦有虚怯之伤，理应瘆于骨殖。而年老血衰不能瘆及者，又有伤在皮肉并未损骨，而人太虚弱，亦足派生者种种变幻。原验之员易于偏执，刑仵之辈易于欺蒙，似当虚心察理，以求具真伪。）

附考

状告人命，拘集犯证，追起凶器，立时亲往相验，乘原被不及商谋，易得真情。先问尸亲因何起衅，何人用何物致伤何处，共有几人几伤，何人亲见；次问干证是否真情；再问被告是否相符，取有口供。然后对众相验，有与供词不符及伤仗不确者，即与辩明，填注尸格。生前死后，伤痕长宽分寸不同。盖生前被殴，血凝气滞，其伤发现，迨调养数日，着伤轻处结痂收敛，死后分寸自然短小，总以死后所验伤痕分寸为凭。

相验尸伤，先看受伤部位，如何宽大，再查伤痕分寸。如果部位阔狭相符，则填注自无错误。若伤痕宽阔，而受伤地步较小，此伤定接连他处。如耳根部位，仅止数分，若受伤至一寸有余，自必接连腮颊等处，应于格内注明，耳根连腮颊长若干字样。余仿此。

尸格内，偏左偏右，专对囟门顶心而言，其余左右不得加以偏字。

尸身连受多伤，其凶手亦应有伤，否则恐有助殴之人。

受伤路死或被禽兽残毁者，先看尸旁有无脚迹、血迹及衣服有无啮损，血迹勘明，刑迹再异尸相验。

附记

新旧伤痕之辨，阅《福惠全书》有云：新伤有血晕而红活，旧伤则澹黑而干枯，甚为易辨。然亦不必在致命之处，若当时中于要害之处，其人久登鬼箓，何以至于今日哉？如检骨有此，唯令仵作验明生前磕撞旧痕，尸格照依填注，即令再检，可无他议矣。倘抹而不载，致滋苦主口舌，上司借斯查诘，又将何以对词乎？此论实为精透，故附录之。

前附考云，尸格内，偏左偏右，专对囟门、顶心而言，其余左右不得加以偏字等语。查尸格内，填明偏左偏右者，仅此囟门、顶心两处。而余在南城指挥任内，所验各伤，如不在部位之正中者，则填某处偏左，某处偏右，某处近上，某处近下字样，历奉刑部核复有案。

前附考云，受伤路死，或被禽兽残毁者，先看尸旁有无脚迹血迹等语。然须看其死于何处，如在沙子地上，则有脚迹；若在平坦坚实地面，则无脚迹矣。至血迹之说，更属悬虚，凡死后被犬残者，其肉白色无血，然必有犬啮痕可据，不必执定脚迹血迹也。余所验犬残者甚多，故就亲见者附记之。

续辑

磕破未必致死之说，未可尽信。如年老之人，与人争角，自行磕撞，或木或石，伤痕深重而死。或伤不甚重，而年老气血衰惫，不胜痛楚，因而数日或数十日毙命者，往往有之。余在南城指挥任内，所验甚多。大约磕撞之伤，当细验其被伤之物，或木或石，或高或下，木石之伤，或横或直，或凹或凸，或尖或方，或圆或平，详慎验视，比较尸痕分寸，果否相符，虽有疑难之案入手即明矣。

验伤及保辜总论

（张注：此章应分作七段看，首重保辜。）

按杀人之狱，谋故者少，斗殴者多。而斗殴之律，重在保辜。谓以殴伤之人责付殴者，调理医疗，照律立限，限满之日，定罪发落。盖殴伤者之亲属，苟非慈亲孝子，鲜不利其死，以为索诈财物之地。而殴人者，惟恐其抵偿，（张注：《辨证》原本作“惟恐其死要己抵偿”。）则凡可以生全之者，无所不至。是保辜之设，正欲全活两人性命，（张注：此节言呈报斗殴须先问明尸亲地方，伤重不许抬验。）乃律之良法美意也。

凡宰州县者，一有斗殴之事，着地方即时首报。若告者已至，而地方未报，即重责之。人命尸亲，不是父兄伯叔，便是弟侄妻子。被殴之日，（张注：《洗冤录表》云：既问呈报之尸亲，复问首报之地方。而被伤之轻重，必以地方之语为凭。伤重者，不许扛抬，赴验可知；伤轻者，不必亲自往验也。）即解衣共见。须问被殴之人年若干岁，某月某日某时被某某用何凶器殴打某处，见今某处斜伤长若干、阔若干，某处圆伤横若干、围若干，青色、红色，有肿无肿，会否皮破骨裂，某某见证，即照状式告辜到官。唤问地方，果系重伤，即不许扛抬赴验，恐破伤处中风至殒。（张注：此节言据报伤重案应即时诣验。原本“人从”下有“督同折伤科医士携带合用膏散”十三字。）即时亲行，匹马肩兴，少带人从，诣彼相验，登记伤痕，限以保辜日期，责令凶犯领至家中，用心调治。案候在官，身死之日，即照状式告检，官照辜状原供伤痕，依法检验致命等伤，（张注：告检即告验。）稍有疑似，即加审复。能详慎于始，即可为他日干连人等全活数命。果系装诬，明立文案，以杜后端。果系真犯，即取具供招，以塞求请。仍严责吏仵，眼同原被干证，取四不扶同甘结。（张注：《洗冤录表》云：四不扶同甘结，原被干证及吏仵也。）定招拟罪之时，更须详慎，务使情节了然明白。此心确然无疑，庶生死两不含冤，亦省后来驳勘，耽延岁月，苦累多人。（张注：此节言不保辜命案。）如被殴不告辜限者，除登时打死及在三日之内者，姑准检究外。其余死后告人命者，须防假伤诬诈。若人命不先告官，而乘机纠众扛尸上门，（张注：此节言命案乘机纠抢。原本“者”字下有“纵是的真”四字。刑律检验例有藉命打抢。）

抢财伤人者，抵填之外，亦须引例问断。（张注：此节言辜限查大小建。）其辜限日期系隔月者，要查大建小建，此生死出入之界，不可不慎也。大抵尸当速相而不可轻检，（张注：此节总结上文言尸不可轻检骸不可轻拆。）骸可详检而不可轻拆。凡上司官招拟批驳，情节不明者，止审情节。尸伤欠确者，方检尸伤，不得一既烦扰。

凡相殴有致命之处，有致命之伤，（张注：此专为致命之处而伤轻及伤重而非致命之处者言。《洗冤录表》云：胁肋作“两肋”，胁为致命，肋不致命，恐即两胁之讹。）顶心、囟门、耳根、咽喉、心坎、腰眼、小腹、肾囊，此速死之处；脑后、额颅、胸膛、脊背、胁肋，此必死之处。肉青黑，皮破肉绽，骨裂脑出血流，（张注：血流宜作肠流，血流似不如肠流之致命也，血字疑即肠字之讹。）此致命之伤。致命之伤，当速死之处，不得过三日。当必死之处，不得过十日。若当致命之处，而伤轻或极重之伤，而非致命之处，虽死于限内，当推别情，不可一概坐死，况死于限外乎？（张注：手足他物伤条云：胸前、两乳、胁肋、脐腹、大小便两处方可作要害致命。所论与此处稍异。）

保辜为人命关头，一经告官，务须亲眼验看，按伤勒限，倘失调殒命，计算时刻，以定辜限内外，并将被伤时刻，明立文案。（张注：此节言亲眼验看及计算被伤时刻。时宪书载：一日九十六刻名例称日者以百刻。亲眼验看者即刑律所云亲临监视也。）

（张注：前云查大小建，此云计算被伤时刻，即名例称日者以百刻是也。）

附考

斗殴律载：手足他物伤，辜限二十日。金刃汤火伤，辜限三十日。又例载余限各十日。折跌破骨堕胎，不论手足他物，辜限五十日，又余限二十日。

《祥刑要览》载：马宗元父麟，殴人被击守辜，而伤者死，将抵法。宗元推父殴人时，与其人死时在限外四刻。因诉于郡，得原父死，此名例称日以百刻之法也。

乾隆九年，刑部驳浙江德清县民谢文瑞，推跌蔡存孝硫伤身死，虽在余限十日之内，而右肋究非致命之伤，即云两肋伤重，亦可致死。但据验尸格，仅填青瘢，并无损折情形，则其伤本轻，何致因伤身死？再查《洗冤录》，内载幼时跌扑，平日争殴，虽久平复，而其痕不减，是骨虽有伤痕，但新旧有别，不得诬执。

乾隆十年，刑部驳陕西米脂县民常士弼，刃伤常有珏，适届保辜正限三十日身死。凡遇人命案件，必先验明伤痕，究讯何时何刻受伤，立限保辜。或系限内限外一刻身死者，即应于疏内声明，照例议拟。盖因受伤之重轻，以定日期之多寡。若不立一定限期，则拟罪无从科断，而用刑易致错误。故从前律注，称过辜限一刻即为限外。又名例注，称犯罪违律计数满乃坐是也。虽此一刻，岂即为生死之紧关情节，然立法不得不如是。法有所穷，则以其权听之于天，正所谓奉若天道也。

附记

验伤及保辜总论内云，殴伤之人，责付殴者医治。后又云领至凶犯家中。盖足此未尽之语。但既在其家，则饮食起居之际，安知不缘此而别生事端，安知不缘此而阴被毒害者。且贫富不同，若凶犯无半亩之宅、一粒之炊，又当若何？至利亲属之死，以为索诈之地，稍有人心者不为，亦不待孝子慈亲而后不忍出此。若果系孝子慈亲，亦断不忍令其亲其子，竟付凶犯之家。此保辜律内，止言责令医治，而不言责令领至家内，正为此也。

续辑

生伤已经结痂，未便开看。据验骨塌，实未能保无损伤，后已长有新肉，则其骨损之处，自己接凑生肌，抓落血痂，以致进风，而恶血已无凝结在内，故肉仍未溃。

直督窦启瑛，复查得滦州民贾士台误殴张永久，受风身死一案。奉部驳以贾士台，殴伤张永久左额角，皮破骨塌，验系致命重伤。且于五十日保辜限内死，与原殴伤轻之例不符。檄令按律妥拟，详请核题等因，嗣据该州讯明仵作人等，佥供张永久，实因原殴伤轻，抽风致毙。仍照原拟，由府复核，转详到司。查张永久殴伤之初，即将蒲绒掩裹疮口，及至保辜验伤已经结有血痂，未便再行开看，致使透入风邪，故仅可量其口之分寸、骨之低塌，实未能保无破损伤痕。第已死之后，疮痂既落，若果骨有破损，不特伤痕显著，抑且按之声响。今据讯仵作，验报尸伤，已经长有新肉，形如榴子，无从见骨，按之仅觉微低，并无碎骨声响，则有骨损之处，已经接凑生肌，似属可信。况查额角，系要害之所，设果受伤深重，自必骨裂脑出，昏晕难苏。乃张永久尚能饮食力作，曾无痛楚之状，只觉痒而难忍。盖因新肌始长，血脉融和故如是。初非疮发之象，揆厥情形，则张永久之未经受有重伤，似属昭线。至所以塌而不破，抽风不溃之故，亦因殴打之时，虽经微有损伤，未至折裂，故仅与他处稍低，而不露有破口。至新肉虽长，尚未坚固，若不加谨保护，犹能透入风邪，致成抽风重症，然恶血已无凝结在内，而于肉仍未溃也。且查张永久，于雍正十年二月初五日被殴受伤，迨至二十四五等日，肌已渐长；乃因生肌发痒，抓落血痂，于三月初一日，风使抽发，至初六日殒命。据尸侄张宏谟供称：口吐沫子，两手牵动，嘴眼歪斜等症，则确系抽风所致，已无疑义。即无论伤重与否，俱已与。恩诏殴打受伤，当时不曾殒命，（张注：验尸条云：血盆骨、肩甲、腋肢三处内通筋骨，伤重则死。血盆骨伤骨系致命说见前。）或越数日因伤风而死之条，并误伤为轻等例相符。均应得邀末减，理合呈详。宪台俯赐查照前详，扣明限期，核夺具题。（张注：茎物，验尸条云致命；脊背，检骨第一节致命；脊膂，检骨则不分左右第一节致命；腰眼，检骨则不分左右第一节致命；项颈，检骨第一节则致命。）

尸格

（阮注：一人独殴，一人至死，无论致命不致命，皆拟抵偿。若两人共殴一人致死，以致命论抵。）

（张注：《洗冤录表》云：尸格即检验律所云尸状检验，总论所云验状。肩井臆骨下为血盆骨，其下外连横髃骨者为饭匙骨，又其下左右排连三骨，居心坎骨之上，在胸乳间为龟子骨，伤即致命。按方书，人身分正面背面，又分左右侧面。检骨条，亦分为四缝。此但分仰面合面，而左右侧面该之矣。《洗冤录表》云：验尸条载：凡眉丛、食气嗓、前后肋、茎物、发际、谷道，图格虽称不致命，然伤重即死，验时最为紧要。）

一、仰面致命：（共十六处，）顶心、偏左、偏右，囟门，额颅，额角，两太阳穴（左右），两耳窍（左右），咽喉，胸膛，两乳（左右），心坎，肚腹，两胁（左右），脐肚，肾囊（妇人产门，女子阴户。）

一、仰面不致命：两眉（左右），眉丛（左右），两眼胞（左右），两眼睛（左右），两腮颊（左右），两耳（左右），两耳轮（左右），两耳垂（左右），鼻（梁准），鼻窍（左右），人中，上下唇吻，上下牙齿、口舌，颔颏（左右，颔音俺，颏音孩），食气嗓，两血盆骨（左右），两肩甲（左右），两腋肢（左右），两胳膊（左右），两䏶脉（左右），两手腕（左右），两手，两手心，十指，十指肚，十指甲缝，两肋（左右），两胯（左右），茎物（左右），两腿（左右），两膝（左右），两臁肕（左右），两脚腕（左右），两脚面（左右），十趾，十趾甲。

一、合面致命：（共六处，）脑后，两耳根（左右），脊背，脊膂，两后胁（左右），腰眼（左右）。

一、合面不致命：发际，项颈，两臂膊（左右），两胳肘（左右），两手腕（左右），两手背（左右），十指（左右），（张注：检骨图内有左右承枕骨伤则以命，此尸格无此部位。）十指甲（左右），两后肋（左右），两臀（左右），谷道，两腿（左右），两䏶脉（左右），两腿肚（左右），两脚踝（左右），（张注：踝，字典音跨，足之外也。）（踝音瓦，）两脚跟（左右），两脚心（左右），十趾（左右），十指肚（左右），十趾甲缝（左右）。

（张注：人有架骨，图内不载检骨条亦不载惟验女尸条有之。）

附考

乾隆五十一年，云南按察使特奏验尸图格内请照检骨式添人琵琶骨部位等因，经刑部议得验尸图内，骨皆不载，而独载有血盆骨一处。因血盆骨部位，皮破流血，则系不致命，伤至损骨，立时毕命。是一骨有致命不致命之分。若琵琶骨与左右肩甲相连，同系不致命。相验时，遇琵琶骨有伤，则就左右肩甲近下之处，皆可按照部位填注，自不致与致命之脊背，两相混淆。况尸伤，就沿身皮肉筋脉，揣捏相验。而检骨式则人身共三百六十五节，骨殖甚多，部位胪列，仅添一二处，必致挂一漏万。即脊背一处，骨有六节，亦惟第一节为致命。验尸图内，又安能按照骨节部位逐一填注耶？所奏添琵琶骨之处，毋庸议。

附记

刑部复，南抚伊，查本部颁发尸图部位，本属详备，奉行已久。今该抚咨称尸格小臂膊、小腹，未经指定名色，相验之员虽可意会，究属互混，请一律参注等语。虽属详慎之意，但查尸图内，致命脐肚、小腹均已分载明晰。其尸格，原可照尸图一例填注。至小臂膊，虽于格图未经注明，但非致命之处。向来内外衙门，凡遇相验尸伤时，俱填注手腕近上，胐脷近下，办理从无错误。尸图尸格，系属奏定颁行，且非关系紧要，未便猝议更添，相应咨覆该抚可也。小臂膊，盗贼律内注云，上不过肘，下不过腕。

嘉庆十九年，浙臬韩批，查项前部位，即系咽喉，而食气嗓在内。故凡伤其颈前者，应于格内咽喉下填报，声明食气嗓有无破断，方为明晰。

续辑

指伤验伤各条，山东臬司为通饬事，照得《洗冤录》载，仰面致命共十六处，顶心偏左偏右为三项，名目各异，即奉颁《图格》内，亦开列甚明。所谓偏左偏右，原在顶心两旁。然既立有专名，部位各异，则验报伤痕在偏左则曰偏左，在偏右则曰偏右，自不得牵连顶心名色。如果伤痕与顶心相连，亦当声明顶心相连偏左偏右字样。若顶心并未受伤，岂容牵连混报，致滋错紊。又如囟门、额颅、人中唇吻、牙齿、口舌、咽喉、食气嗓、胸膛、心坎、肚腹、脐肚、肾囊、茎物以及合面之脑后发际、项颈、脊背、谷道等处均无左右之分。其或伤痕略向左右两旁，只用填某处左伤一处，或报某处右伤一处，不得开报偏左偏右字样，致与头上之偏左偏右混淆。又如伤痕有自仰面透至合面者，相验时，只须从仰面起伤处声明透至合面。譬如在左手心，即称左手心伤一处，透至左手背，长阔若干，不必相验合面时又报左手背一处。其自合面透至仰面者，亦然。若仰合两面，重复分报，则似以一伤而有两伤矣。再被伤之人，例禁抬验，原恐劳动风吹，易致殒命。而验看活伤，只须验其长阔分寸，不可探验深浅。若已经敷药罨护，更不得揭动，以致伤风等因。乾隆二十七年，山东省例。

附记

按：向来验尸，有无伤痕，应于尸格内，按照部位一一填写。今查对尸图，与尸格稍有不符者，即如仰面致命额角一穴，合面致命脊膂一穴，图内则分左右，格内并未注明左右字样。又：仰面尸图内有脐与小腹两穴，而尸格内则仅称脐肚，并无小腹字样。如遇小腹受伤，及额角脊膂之左右，有无伤痕，均应查照尸图，于格内逐一填注为是。又：验伤及保辜总论云，小腹乃速死之处，而格内竟不载及小腹部位。

验尸

（张注：此言多备物件。验尸遵照，部颁制尺较准分寸，乾隆十二年，例所备物件用法见后，并须备新油绢红油雨伞。宋本所误下有此二十一字。）

凡验尸，多备葱椒盐白梅（并糟醋），防其痕损不见处，藉以拥罨（音遏），仍带一砂盆，并槌研物件。

验尸，不可避臭恶，切不可令件作人等遮蔽玉茎、产门之类，大有所误。（阮注：仍仔细验头发内、谷道、产门内，虑有铁钉或他物在内。张注：此言不避臭恶。）

检出致命要害处，方可押尸亲、凶手及亲属令见。切不可容令近前，恐损害尸体。（张注：此言防损尸身。）

仰面从头检起，量发长若干。（阮注：有无被人扯落、并刀剪割去。）掰开头发，检头上顶心（致命），连囟门（致命），有无他故。（阮注：如火烧平头钉谋害之类。）偏左右（致命）额颅（致命），左右额角（致命），左右太阳穴（致命），有无他故。（阮注：如他物伤痕或自行碰磕及尖物刺害之类。）两眉，眉丛，左右眼胞，眼睛（阮注：或开或闭，如闭掰开，验双睛全与不全。）有无他故。左右腮颊，（阮注：有无拳掌伤痕，再看面颊有无刺字，或已用药起去，可去竹削一篾子，于痕处挞之即见。）两耳，耳轮，耳垂，（阮注：不致命，有无口咬、手抓、刀割、伤损。）耳窍（致命，有无签刺），鼻梁，鼻准，（张注：论沿身骨脉注：眦、鼻山根、印堂，若伤立致毕命。）左右鼻窍（有无签刺），人中，上下唇口（或开或闭），牙齿（全与不全），舌（出与不出），两颔颏（不致命），有无他故。咽喉（致命），有无他故。（阮注：内用银钗探视取出，看黑与不黑，外看肿与不肿，有无伤痕致命。）食气嗓，（阮注：用手揣捏塌与不塌。）左右血盆骨，肩甲，腋肢，（阮注：内通筋骨，伤重则死。）胳膊，胳膊，手腕，手心，十指，十指肚，十指甲缝，（阮注：以上虽不致命，若骨损折，及指甲缝内签刺暗害，将养不效，亦可死。）有无他故。胸膛（致命），左右乳（致命，妇人两乳旁），心坎（致命），肚腹（致命），左右肋（不致命），左右胁（致命），脐肚（致命），左右胯，有无他故。茎物，（张注：尸格注茎物不致命。）肾囊，（阮注：致命，揣捏两肾子全与不全。妇人言产门，女子言阴户。）有无他故。（阮注：如尖刀、签刺入内之类。）左右腿膝，臁肕，脚腕，脚面，十趾，十趾甲，（阮注：以上虽不致命，若骨损折，将养不效，亦可死。）有无他故。（张注：此言检仰面。《洗冤汇编》云：火烧钉子插入骨内，其血不出，亦不见痕迹。）

合面检脑后：（阮注：致命，乘枕骨，有无他物及跌磕伤痕。）发际，有无他故。项颈，左右耳根致命，有无他故。臂膊，胳肘，手腕，手背，十指，十指甲。（阮注：全与不全，以上虽不致命，若骨损折，将养不效，亦可死。张注：《洗冤录》云：头顶、囟门、乘枕、左右两额角、太阳、鬓门、项下及当心、左右两胁、上下小腹、左右阴囊、玉茎，脑后、左右两肋，并系紧切虚怯要害致命处。）脊背（致命，有无炙迹），脊膂（致命），左右后肋（不致命），后胁（致命），腰眼（致命），谷道，有无他故。左右臀腿（有无杖痕），腘脷，腿肚（虽不致命，伤重亦可致命），有无他故。左右脚踝，（阮注：不致命，若内外有伤，定是刑夹，若只外面有伤，定是打损。）左右脚跟，脚心，十趾，十趾肚，十趾甲缝，（阮注：以上虽不致命，若骨损折，将养不效，亦可死。）有无他故。（张注：此言检合面。尸格注发际、项颈不致命，此注致命，当临时视伤之轻重定断。）

看其人年约多少，身长多少，膀阔多少，某处有伤损磕擦痕，或青黯、紫黯、赤黯、黑黯，并量见大小深浅分寸，定执致命之因。某处有雕青灸瘢疮疖，开写新旧，有无脓血；某处现患疥癣痈疽及暗记之类，并一一声说。如无，亦声说分明。（张注：此曰痕迹未见阴晴照验之法。后检骨条亦分阴晴，到底阴不如晴。）验尸并骨，伤损处，痕迹未见，用糟醋泼罨尸首于露天，将新油绢或油明雨伞覆欲见处，迎日隔伞看，痕即见。若阴雨，以热炭隔照。或更隐而不见，以白梅捣烂，摊在未见处，更拥罨细看。犹未全见，再以白梅取肉，加椒葱盐糟，研作饼子，火上煨令极热，烙损处，下先用纸衬之，即见。（张注：此言填格之法。《洗冤录节要》序云：新伤旧痕均须详载明确说盖本此。）

殴死者，尸伤处不至骨损，则肉紧贴在骨上，用水冲激亦不去，指甲蹙之方脱，肉贴处，其痕损即可见。（张注：此言验不损骨尸伤。）

身体本赤黑色，死后变动，作青黮（音瓯）色，其痕未见，但有可疑处，先将水洒湿，然后将葱白拍碎涂痕处，以醋蘸（音赞）纸盖上，候一时久除去，以水洗，其痕即见。若尸上有数处青黑，将水滴放青黑处，是痕则硬，水住不流，不是痕处则软，水滴便流去。（张注：此言尸身本系赤黑色，死后发变，其痕未见，用涂葱滴水之法。）

验伤，须用手指按其青红处，是伤坚硬，指一起仍然青红，将水滴上，水珠不散开，便是真伤。（张注：

此言辨真伤与发变之异。《洗冤录》补云：或用烧酒同醋调和噀上，是真发变即沾湿，如受伤处即干不湿。恐误以发变为真伤，故立此条。自缢篇：血障有类发变更可参血聚，故坚硬不能聚结，故浮泛而不坚硬。）如系发变处，将指一点，起指即是白色，将水滴上，水不停住，发变是人腹内之血，死后发散于外，不能聚结，故浮泛。伤系生前受打，气绝血聚成伤。盖人之血，附气而行，气既壅而血亦壅，故坚硬。

凡眉丛、食气嗓、前后肋、茎物、发际、谷道等处，《图格》虽称不致命，然伤重即死，检验时最为紧要。（张注：此言不致命伤重致死。）

凡死人，项后、背上、两肋、后腰腿内、两臀上、两腿后、两腘脉、两脚肚子上下有微赤色，（张注：此言仰卧血坠。）系本人一面仰卧停泊，血坠所致，（张注：宋本作“系本人一向仰卧停泊，血脉坠下所致。”恐以血坠为伤故立此条。）不是别故身死。

验未埋尸

（张注：此言未验之先。）

或在屋内地上，或床上，或屋前后露天之处，或在山岭、溪涧、草木上，并先打量顿尸所在，四至高低，所离某处若干，在溪涧之内，上去山脚或岸几许。系何人地上，地名甚处。若屋内，系在何处及上下有无物色盖簟讫，方可舁（音余）尸出验。先将尸脱去身上衣服，（阮注：系妇女，并除去首饰。自头上至鞋袜，张注：此言方验之际。逐一抄写。）或是随身行李，亦开具名件。以温水洗尸一遍讫，乃验，未可便用糟醋。

验已攒尸

先验坟，系何人地上，地名甚处，土堆须量高若干尺寸，长阔若干尺寸，及尸现攒殡在何人屋下，亦如前量之。（张注：此言先验坟地。）

次看尸头脚所向，如头东脚西之类，头离某处若干，脚离某处若干，左右亦如之。（张注：此言次验尸身。）对众扒开浮土或取去攒砖，看其尸用何物盛簟，如棺木有无漆饰，席有无沿缘（张注：缘，宋本作□[1]。）及衬簟之类，舁出开拆，取尸于光明处验之。

【注释】

①缺字符号，此处原书模糊，下同。

洗罨

（张注：此言洗罨之法。）

舁（音余）尸于平稳光明地上，先干检一遍，用水冲洗；次挼（音傩）皂角洗涤尸垢腻，又以水冲荡洁净，（阮注：洗时，下用门扇簟席衬，恐惹尘土。）洗讫，如法用糟醋拥罨，仍以死人衣物尽盖，用煮醋淋，又以荐席罨一时久，候尸体透软，即去盖物，以水冲去糟醋，方验，不得轻信仵作，只将酒醋泼过，痕损不出。

宜多备糟醋。（张注：此言多备糟醋拣用衬纸。）衬尸纸，惟有藤连纸、白抄纸可用，若竹纸，见盐醋多烂，恐侵损尸体。

初春与冬月，宜热煮醋，及炒糟令热用，仲春与残秋宜微热。（张注：此以下三条言四时洗罨之法。）

夏秋之内，糟醋微热，以天气炎热，恐伤皮肉。秋将深，则用热，去尸左右手肋三四尺，加火熁之。（阮注：熁，音胁，火迫也。）

冬雪寒凛，尸首僵冻，糟醋虽极热，被衣重叠拥罨，亦不得尸体透软。当掘坑，长阔如尸，深三尺，取炭及木柴遍铺坑内，以火烧令通红，多以醋泼之，气勃勃然，方连拥罨之物衬簟，舁尸置于坑内，仍用衣服覆盖，再用热醋淋遍，坑两边相去二三尺，复以火烘约透，去火移尸出验。（张注：此言寒冬火坑之法。）

冬残春初，不必掘坑，只用火烘两边，看节候详度。（张注：此言火烘之法。）

（阮注：湖南验尸，皆于尸旁开一深坑，用火烧红，去火，入尸在坑内，泼上糟醋，又四面用火逼良久，扛出尸。或行凶人争痕损，或死人骨肉相争，不肯认，至于有三四次扛入火坑重检者。人尸至三四次经火，肉色皆焦赤，痕损愈不分明，吏与仵作因此为奸。未至一二月间，肉皆溃烂，再至委员复检，或止有骨殖，肉上痕损并不得而知。火坑之法，不可不严禁之。）

附记

寒冬尸身僵冻，伤痕不出，必须掘坑，用柴炭烧令通红，将火扒去，用醋泼之。舁尸置坑内，尸不宜衬令虚空，仍用衣服覆盖，再用热醋淋遍，坑口用木横格，木上以席簟掩盖，席簟之上再加草束厚罨，不令坑内出气。俟顿饭时，将坑口揭开一面探看，如尸肉已柔软，即将坑口席片揭去，抬尸出坑细验，其伤痕无不毕见。但须留心察看，勿令拥罨时，尸身为火所炙。缘京师地气较寒，又值冬月，不能不用火坑之法。此余所屡经试验者，故附记之。如天未甚寒，尸身亦未甚僵冻，先用热水冲洗数次，俟尸肉柔软，再用热烧酒擦之，其伤亦现。

初检

初检时，如问是争斗分明，虽经多日，亦不得称尸首坏烂，无凭检验。须仔细看痕损及要害致死之因。若委是日久变动，方称尸首不任拨摆。（张注：此言初检勿云无凭检验。）

凡检尸有无伤损讫，就检处衬簟尸首在物上，覆以物盖，候毕，周围用灰印记有若干枚，交与守尸地保人等看守，立状附案，免致被人残害，伤损尸首。（张注：此言初检预防复检。）

复检

若尸经多日，头面胖胀，皮发脱落，唇口翻张，两眼突出，蛆虫咂食，委实坏烂，不堪措手。若系刃伤，他物拳手足踢，伤痕虚处，方可作无凭复检。若是他物及刃伤，骨损，宜冲洗，仔细验之，即于状内声说致命根由，不可作无凭检验。（张注：此言复检分别无凭复检。）

复检官验讫，如无争论，方可给尸与亲属。无亲属者，责咐本地方埋瘗（音意，埋也），勒令看守，不得火化及散落。如有争论，未可给尸，且掘一坑，就所簟物，舁尸安顿坑内，上以门扇掩盖，用土罨瘗作堆，周围用灰印印记，以备后再检复，仍令看守人立状附案。（张注：此言复检仍备再检。）

凡初复检讫，尸亲邻保，并令看守尸首，切不可同解到官，徒使扰累，但解凶身干证，若要提人，再行拘唤。（张注：此言不可扰累。）

（张注：尸变避秽之法，最好以真阿魏塞鼻孔，次则用大黄、川椒亦可，或用好烧酒以布块浸之，掩于鼻孔，尸旁多烧粗草纸，亦可解秽。）

附考

《洗冤集说》云：先多烧苍术、皂角，方诣尸前，检毕，约三五步，以醋泼炭火上，行从上过，其秽气自去矣。或用真麻油涂鼻孔边，或用苏合丸塞鼻孔，亦可。

辨四时尸变

（张注：洗罨有四时洗罨之法。）

春三月，尸经两三日，口鼻、肚皮、两胁、胸前肉色微青。经十日，则口鼻、耳内有恶汁流出，（张注：《洗冤集说》云胀臭也。四时尸变者，指点周详。惟暑月罨尸二条，辨别痕损，尤为详密。大凡尸经日久者，不论四时，当以此条奉为圭臬。）胖胀浮皮起，肥人如此。久病及瘦人，半月后，方有此形状。（张注：此言春三月。）

夏三月，尸经一两日，先从面上、肚皮、两胁、胸前肉色变动。经两三日，口鼻内汁流蛆出，遍身胖胀，口唇翻，皮肤脱烂，疱（音炮）疹（音轸）起，经四五日发落。（张注：此言夏三月。）

暑月罨尸，损处浮皮多白，不损处却青黑，不见的实痕。若避臭秽，不仔细检过，往往误事。稍或疑处，浮皮须要剥去。如有伤损，底下血瘾分明。暑月九窍内未有蛆虫，却于太阳穴、发际内、两胁腹内先有蛆出，必此处有损。（张注：此言暑月罨尸一条。）

秋三月，尸经二三日，亦先从面上、肚皮、两胁、胸前肉色变动。经四五日，口鼻内汁流蛆出，遍身胖胀，口唇翻，疱疹起，经六七日发脱。（张注：此言秋三月。）

冬三月，尸经四五日，身体肉色，黄紫微变。经半月后，先从面上、口鼻、两胁、胸前变动，或安在湿地，用荐席裹埋，其尸卒难变动。更详月头月尾，按春秋节气定之。（张注：此言冬三月。）

盛热，尸首经一日即皮肉变动，作青黯色，有气息。经三四日，皮肉渐坏，尸胀蛆出，口鼻汁流，头发渐脱。（张注：此言盛热。被打或刃伤处贴骨不坏虫不能食。）

春秋，气候和平，两三日，可比夏一日；八九日，可比夏三四日；盛寒五日，比盛热一日；盛寒半月，比盛热三四日。（张注：此言四时比较。《洗冤录表》云，四时尸变，皆指未埋者言。若既掩埋则夏月易变，冬月难变。）

（阮注：人有肥瘦老少，肥少者易坏，老瘦者难坏。南北气候不同，山内寒暄不常，更在临时通变审察。）

附考

《洗冤集说》载：仁和忠清里金姓绸贾，正月十六早暴死，当夕尸即腐化。其人素嗜肥鸡者，阊门绸贾杨某，少年也，九月内久病死，尸亦即烂。其人素耽酒色者，又闻有久服硫黄者，未死而身先烂，随手握之成把。

续辑

尸变之说，未可概论，往往用泥沙掩埋，尸沾地气，经久不坏者，所在多有。如乾隆五十五年，江西安义县民戴求柏，于二月十二日，被殴身死，凶犯埋尸灭迹，至四月二十九日，始行挖出，尸身完好。又四十四年，万安县民钟上恩，致死萧大林将尸用沙土掩埋，越二百九十八日，尸身被山水冲出，始行发觉，报经龙泉县诣验，尸亦完好。又道光四年，广东恩平县贼犯胡亚穡，拒伤新兴县事主梁亚乌身死，死在四年十二月二十五日，至五年五月内起尸检验，尸身完好。又海阳盗犯李亚鲋，阳江县盗犯吴臭口入，戮尸之日，距监毙俱已年余。又西宁县民王亚插，致伤伊父王亚云身死一案，王亚插先经监毙，迨行回戮尸，已隔三月有余，各尸俱未腐烂。诸如此类，不可枚举。录内云云，不过就大凡言之也。

粤东天气，冬月亦有炎热之时，尸经一二日即变动，不得拘定，又潮州每用盐数斗罨尸，可经一两年不坏者。

辨伤真伪

（张注：在发变之青紫与伤痕之青紫毫厘千里，况受伤之轻重？罪名之出入全在此处分别，仍宜辨认。）

检未腐之尸，止验其红肿破烂及伤之致命与否。（张注：此章前段言未腐之尸，后段言装伤之骨。《洗冤录表》云：此可并入检骨条参看其造作假伤之处，当与末条小注参看，凡伤痕不显有可疑处，先将水洒湿然后用葱白拍碎涂痕处，以醋蘸纸盖上，候一时久除去，以水洗其痕即见）（此说见前验尸条，此条专指装伤之骨）。若色之青与紫，则不问，缘于发变之色，皆然故也。若检骨，则有红赤青紫黑黯各色伤痕。其造作红亦，乃用真红花及苏木、乌梅，熬作膏子，加白矾，点入骨上，以煮滚之，醋泼之，则红赤深浅，一如真伤之色。紫用苏木及茜（音倩）草，法如前。青与黑或用皂矾，或五倍子，醋熬浓汁，以矾、倍之多寡，为青黑之深浅，粗可乱真，然色终呆板堆积，绝无瘾脚晕痕，全在临检时加意，不可稍忽。

生前殴打而死者，伤痕有紫赤血晕。若死后，有将青竹篦火烧，烙成伤痕，诈称打死者，其痕焦黑色，浅平不硬。有将榉树皮罨成痕者，其痕肉烂损黑色，四围青色，聚成一片，而无虚肿，捺亦不坚硬。又有用火罐拔成假伤，形似拳手，但周围一圈焦赤，内肉黄色，虽浮高，亦不坚硬。（张注：此节辨生前死后伤痕真伪。《洗冤录表》云：被殴勒死假作自缢条下有用火篦烙成缢痕者带湿不干，此云浅平不硬，俱可参看。若尸上有数处青黑，将水滴放青黑处，是伤痕则硬、水住不流，不是则软、水滴便流去。）

（阮注：昔长沙县有讼斗者，甲乙各称受伤，色青赤，甲强乙弱，争辩不明，官召之使前，自以指捏之，曰乙真甲伪，诘之果服。盖南方有榉柳，以叶涂肤，则青赤若殴伤，剥以皮横肤上，用火熨之，则如棓伤，水洗不落，盖殴伤，血聚肉硬，伪者不然，故知之。棓，音陪。）

凡伤，以瘢晕为主。瘢之为形，要皆自近而远，由深渐浅，自浓及淡，而将尽之处，又皆如云霞，如雨脚，如晴云之若有若无，可望不可即，鲜润淡宕，要皆自然之气所致，故其色活，为此检伤纲领。（张注：《洗冤集说》云：活字最为检伤纲领。）如红自红，紫自紫，呆板积于一处，瘢脚全无，则伪造也。（张注：此节论伤之真伪总在色之死活处辨之，兼验尸检骨而言。《洗冤录》补云：瘢与晕虽分为二而情形则一，故止称瘢脚。此条论瘢晕检透应与检验骨条参看。）

检验时，将新白布或棉纸，投放所用酒醋内，试看。若有弊，则纸布变色，不变，即无弊。（张注：此言试看酒醋有弊无弊。）

（阮注：仵作人等受嘱，多以茜草投醋内，涂伤损处，痕皆不见，以甘草水解之则见。有等奸民，买尸做伤，妄告人命，访得人家新葬，问其是女是男，多者数十金，少者十数金，贪财奸民，不顾亲属，情愿卖与检验，自己投作证人，又买仵作以皂矾、五棓、苏木等制造浅淡青红等伤，任口喝报。此系法外之奸，务须审出实情，以惩刁恶。张注：皂矾、五棓子、苏木等造作伤痕详见前。）

附考

《洗冤集录》云：看其痕里面深黑色，四面青赤，散成一痕，而无虚肿者，即是生前以榉皮遏成也。盖人生血脉流行，与榉相扶而成痕。若以手按着痕处虚肿，即非似榉皮所遏也。若死后以榉皮遏者，即无散远青赤色，只微有黑色，按之不坚硬者，其痕乃死后遏之也。盖人死后血脉不行，故榉不能施其效。

续辑

尸骨假伤无余晕，系用靛花、胡莲子涂擦。乾隆二十五年，广东陈郁诬告胞叔陈巨臣案。

验妇女尸、胎孕、孩尸

验处女尸，扎四至讫，舁出光明平稳处，先令稳婆剪去中指甲，用绵包扎，眼同尸亲，并邻妇二三人，令稳婆将绵扎指头，于阴户内，试有黯血，即是处女，无即非。（张注：此条分别是否处女。河南固始县处女田二姑尸身令稳婆试无黯血以为被奸已成据，老练仵作供称人死则血寂，安得尚有黯血？《洗冤》所称原不甚确，惟探以指头，处女窍尖、妇人窍圆较为的确。）

凡验妇人，无痕损处，须看阴门，恐自此进刃于腹内，离皮浅则脐上下微有血沁，深则无。（张注：此条无痕损须看阴门。踢伤致死篇云：妇人隐处，其骨为羞秘骨。）

妇人因产门受伤身死，皮肉消化者，其囟门骨（张注：此条言产门受伤。按：架骨大约胯骨两梢头镶拢处是也，俟考。架骨图内不载即验骨检骨及论沿身骨脉各条亦未叙及。《洗冤录备考》云：堕胎死者，产门恶血流出；伤胎死者，心下至脐腹坚硬；产后死者，胸膛两胁俱微青色，顶心骨紫色。）并架骨俱紫赤色。（阮注：架骨横环小腹之下，与后尾蛆骨相连者也。）

妇人有胎孕不明致死者，令稳婆验腹内有无胎孕。如有孕，心下至肚脐，以手拍之，坚如铁石。无则软。（张注：此言胎孕不明。）

有孕妇人被杀，或因产子不下身死，尸经埋地，至检时，却有死孩儿出。（阮注：尸埋土窖，因地水火风吹，死人尸首胀满，骨节缝开，故逐出腹内胎孩，亦有脐带之类，皆在尸脚下，产门有血水恶物流出。张注：此言孕妇被杀及产子身死。）

（阮注：昔崇德州石门乡，有一孕妇尸，殡殓入棺，怀胎在腹，后因发觉，开棺初检，则死胎已出，在母裩裤中。又一孕妇落水死，初检，所怀胎孕亦在腹中，复检之后，亲属领尸未殡，胎亦自出。此二死胎，并未经埋地窖，俱各山离母腹。）

凡寡妇处女，或少时腹内癥瘕，后因婚配，阴阳气和，向时结块自下，多似胎孕，则疑似难明，须知胎孕必有衣膜，（张注：《平冤录》云胎则有骨症瘕血块成形无骨。）癥瘕止是血块，其或成形，如鳖如蛇等，则受异气所致，亦有结成鬼胎者，此不可不辨。（张注：此条辨寡妇处女瘕瘕。腹中积块坚者曰癥，有物形曰瘕。）

凡胎孕伤堕，须令稳婆定胎月数，已未成形，取供附卷。若形像未足者，止有血块，久烂，则化为恶水，不得作伤堕胎孕论。（张注：此言胎孕伤。《洗冤集说》云：凡胎因殴堕落，其母必有伤损。刑律斗殴律证云：堕胎者谓辜内子死及胎九十日之外成形者乃坐，若子死辜外及堕胎九十日之内者仍从本殴伤论不坐堕胎之罪，堕胎保辜律限五十日例加余限二十日。律注所云辜内辜外者皆指正限言也。）

（阮注：考胎形，一月如露珠，二月如桃花，三月分男女，四月形像具，五月骨节成，六月毛发生，七月动右手（是男于母左），八月动左手（是女于母右），九月三转身，十月满足。）

产门血水恶物流出，验是产子不下，致命身死。或是有妊，用堕胎药致命身死。此在问官详慎体问。至于用银钗入产门试验之法，不可为凭。盖堕胎，气血伤败而死，非中其药之毒而死也。如使银钗可验，则或有服堕胎药身死者，亦将如中毒服毒法乎？且使银钗试之而色不变，将遂定其非以毒药堕胎身死乎？更宜详之。

小孩在母腹中被惊死者，胞衣紫黑色，血瘢软弱，生下死者，孩尸淡红，胞衣白。如生下将子致死，图赖人或有掐（张注：掐，音恰。）搦其喉，或有踩踏喉外，闭气而死者，须用手按验其喉，食气嗓必塌，面色紫赤或紫黑。若孩年十岁之外，搦踏致死，手足或沿身上下有捉定揉扑伤痕。（张注：此言小孩在腹身死及离腹自死并杀孩图赖三项。）

附考

《洗冤集录》云：妇人胎前忌服姜附，新产忌服参芪，苟或误用，则不可救矣。霍显之毒许后，所用即乌附也。见《纲目》。笺释云：凡堕胎辜限九十日外者，以其已成形也。九十日之内，胎未成形，依内损吐血科。凡问堕胎，须以子死为证。

辑注云：谓将育之胎，因殴而堕，其子虽不死，而非自然生育，亦不免有所亏损，尚应保辜。如限内母死，则问抵偿，不计子之生死。若于限内子死，则坐杖八十徒二年之罪。此保辜保堕胎之母，兼保所堕之子也。若子死辜限之外，则自因别故，非为堕胎而死，及胎气三月之内尚未成形者，俱不坐堕胎之罪，仍照本殴伤法。如无折伤，则依内损吐血。

峄县戴郝氏，四十岁，九个月身孕，被推仰跌倒地伤胎，当时身死，验得面色黄，口眼闭，手握，肚腹高大，坚硬如石，产门血流出，两臀擦去浮皮数点。

附二形人

吴县民马允升妻王氏，与金三观妻周四姐奸宿一案。验讯周四姐产门内从小生有软肉椿一条，与丈夫交媾，并不关碍，肉椿举发，即伸出长有二三寸，粗如大指，可与妇人通奸。查《本草纲目》载，五不女，螺、纹、鼓、角、脉。螺者，牝内旋有物如螺也。纹者，窍小，即实女也。鼓者，无窍如鼓。角者，有物如角，即阴挺是也。脉者，一生经水不调，及崩带之类。又有五不男，内曰变者，体兼男女，俗名二形。《晋书》谓之“人疴”。其类有三：有值男即女、值女即男者，有半月阴、半月阳者，有可妻不可夫者，此等并无生育之道。

附记

乾隆五十五年，湖南麻阳县民妇张氏福莲尸骨，检无羞秘骨，有两髀骨，无架骨，有胯骨，详载检骨门后。

打胎未下身死：乾隆五十九年，乐安县黄曾氏，服红花麝香等药，打胎未下身死。验得肚腹坚硬，按有胎孕，致命产门血水流出云云。

坠胎身死：验得李邓氏面色黄瘦，两眼闭，口闭，肚腹低陷，产门微开，有血水流出，周身肉色痿黄形体羸瘦，余无别故，委系生前坠胎，致病身死。

坠胎冒风身死：仰面，面色青，眼口歪斜，口内有涎沫流出，两手微握，肚腹胀，产门有血水流出，两脚微曲，委系生前坠胎后，冒风身死。

垫伤胎孕身死：验得仰面，致命肚腹高，心下至脐肚以手按之，坚如铁石，系有孕数月。左胁一伤，长三寸，宽一寸，紫红色，系木凳垫伤，产门有血水流出，余无别故。实系垫伤胎孕身死。

被奸受伤身死：验得仰面，面色紫，两眼胞开，两眼睛红色，口微开，产门红肿，有余精流出，合面两胳肘有擦伤一片，周身紫红色，余无别故，委系被奸受伤身死。

强奸幼女：阴户皮破二分，微肿带血，委系奸污。

幼孩惊风身死：罗瑞仔于初三日上午，伏桌睡卧，被宗宜拍桌惊醒，罗瑞仔受吓，于是夜身发潮热，次早手足牵动，患成惊风病症，至晚殒命。报县验得仰面，面色黄，两眼胞俱开，两眼睛歪斜，两臂腘脷拳曲，两手心微黄色，肚腹低陷，谷道秽污云云。

鸡奸被殴身死：验得仰面，致命额颅一伤，围圆三寸六分；左太阳一伤，围圆三寸七分，均去粗皮。系砂石擦伤。不致命左手腕，接连腘脷一伤，长九寸，宽三分，微红色，系压伤。致命胸膛，接连右肋一伤，横长九寸，宽三分，微红色，系垫伤，合面，谷道破损血出，余无别故。

鸡奸已成：查验谷道开，内里红肿，委系鸡奸已成。

久被鸡奸：查验某粪门宽松，并不紧凑，与屡次被奸情形相符。

又附鸡奸不验粪门驳语：梁六保，果与许廷献鸡奸日久，何至因许廷献不买草帽微嫌，辄尔坚拒，至死不从。且查乾隆五十三年，刑部议复广东鸡奸被杀案内，律例虽无查验曾被鸡奸之人粪门明文。但强奸处女，则有验明阴户是否处女之例，已可类推。且死者既无生供，则必验明死者粪门是否宽松，方可为通奸之据等语。今梁六保粪门曾否验明宽松，未据报叙，殊属率混，饬再研审解勘。

白僵

（张注：此节拥尸令藏。《洗冤录补》云：尸未变烂曰僵结，已变烂曰消化。）

先铺炭灰，约与尸身长阔，上铺薄布，可与灰等，以水喷微湿，卧尸于上，仍以布覆盖头面肢体讫，用炭灰铺拥令遍，以布覆之，复用水遍洒一时久，其尸皮肉必软起，乃揭所铺布与灰看，若皮肉软起，方可以热醋洗之。于验损处，以椒葱盐，同白梅，和糟研烂，拍作饼子，火内煨令热，先用纸搭在尸上，次以糟饼罨之，其痕损必见。（张注：此言伤痕隐伏如冬月蒸罨法。冬月洗罨之法见洗罨条下。)

僵尸皮肉伤痕隐伏者，用糟五斤，入麻黄末、甘草末各三两，煮成粥，候温，遍涂尸身，掘地作坑。如冬月蒸罨法，烧热，多泼酒醋，舁尸置坑内，絮荐密盖，别以净水一锅，入烧酒二千，煮白布二方，俟尸软，抬至平明处，细细拭净，其伤即见。

僵尸：饬令仵作起出尸棺，查看并无损动，揭开棺盖，验系僵尸。抬放平明地面云云。填伤与报，验尸同。

验已烂尸

(张注：此言量四至洗尸首。此篇只论骨殖，下篇论检法。《洗冤录补》云：尸未变烂曰僵结，尸已变烂曰消化。)

量四至讫，用水冲去蛆虫秽臭，皮肉干净，方可验。未用糟醋，频将新汲水浇尸首四面(宋本"未"字下有"须"字)，尸首坏烂，被打或刃伤处，皮肉作赤色，深重作青黑色，贴骨不坏，虫不能食。

凡验原被杀伤尸坏，蛆虫咂食，只存骸骨者，(张注：无伤而骨有损者，仅以沉淹损路为证，似欠明晰，容质同高明。)其被伤处血粘骨上，有干黑血为证。若无伤，而骨有破损，其损处，如头发露痕，又如瓦器龟裂(张注：龟，音麋，与庄子不龟手之义同。)沉淹损路为证。(张注：此言尸坏只存骸骨。)

凡无凭检验之尸，须声明头发脱落，曲鬓头面，遍身皮肉，并皆一概青黑，皶（张注：皶，音闼，皮起也。）（音榻）皮坏烂，及被蛆虫唖破，骨殖显露去处。（张注：此两条言无凭检验之尸。）

（张注：《洗冤录表》云：前复检条，言之备详，当与此参看。必系刃伤他物、拳手足踢伤痕虚处，方可作无凭检验。若是他物及刃伤骨损，宜冲洗仔细验之，即声明致命根由，不可作无凭检验。）

如皮肉消化，须声明骸骨显露，上下皮肉，并皆一概消化或只有些小消化，不及筋肉，与骨殖相连，其本尸沿身上下，有无伤损他故，及生前年貌形状，致死因由，委是无凭检验，并用手揣捏得沿身上下并无骨损去处。

附考

《洗冤集说》云：凡检尸，须先责血属及邻保识认是与不是本尸；或尸首经久，胖胀腐烂，识认不真，须先责问原着甚衣服色样，有甚记号，及身上有甚疤痣处，勒分明责状讫，方可检验。昔有叔侄两人私争，侄仆因被叔赶打后，侄深藏其仆，却诬叔以赶逐落水致死。发觉于官无尸可验，其仆右手原有六指，适江流中有死尸，右手亦六指，遂认为己仆。官亦凭此检验，却有伤痕。叔无以自明，在狱诬服，将出案间，叔之家人偶探知侄所藏原仆处所，侄亦知叔家知之，遂又将所藏之仆置之水中，后叔家人闻官，侄竟伏罪。

将人致死或经久尸肉腐烂，无迹可凭者，但检验囟门一骨，谚称天灵盖，必浮出脑壳骨缝之外少许，其骨色淡红，或微青，皆因罨绝呼吸，气血上涌所致，只验此骨便明。气嗓被搭者，正与罨绝气血上涌之说相符。乾隆三十五年，新定《骨格》时议及。

验骨

（张注：《明洗冤录》云：妇人生前出血如河水，故骨黑，如服毒药骨黑，须仔细详之。人身之骨皆白，惟心头排子骨两面黄黑色。盖心为聚血之处，故其色然。若伤，则红色或微青。）

人有三百六十五节，按周天三百六十五度，男子骨白，妇人骨黑。

髑髅骨，男子自项及耳并脑后，共八片（蔡州人有九片），脑后横一缝，当正直下至发际别有一直缝。妇人只六片，脑后横一缝，当正直下无缝。

牙有二十四，或二十八，或三十二，或三十六。胸前骨三条。（张注：《洗冤录表》云：自项及耳，"项"字疑即"顶"字之讹。髑音独，髅音楼，二字见《博雅》，又见《庄子》。胸前三骨即龟子骨，系排连有左右。）

心骨一片，状如钱大。（张注：心骨即心坎骨。）

项与脊骨，各十二节。

（张注：《洗冤录备考》云：胸膛内有一护心𩩲骨，损此骨者立毙，其骨青紫色。《类经图翼》背骨除大椎外二十一椎，下有尾骶骨，是自项大椎至尾骶共二十三骨也。此云自项至腰共二十四椎，集说恐讹肩井饭匙在内，庸齐附说。屡询检官，皆云连项大椎骨实得二十四骨。今续颁骨图注：项骨五节，背骨十九节，内方骨一节，在尾蛆骨之上，是连项大椎、尾蛆骨共二十五节矣，须知尾蛆骨不入脊背行。下此只据后肋言之，非前肋有此骨数也。四行当作两行，即方骨也。髌骨隐在膝盖中间，《图格》内不载。男骨白，女骨黑，男顶骨六，男肋左右骨各六，女各七，男缀脊两旁棱角九窍，女平布六窍，男督脉行背，女任脉行腹。（见周栎园书影附录以备参考）此标号所以备检，下检骨标号则在检讫之后。）

（阮注：自项至腰，共二十四椎骨，上有一大椎骨，人身项骨五节，背骨十九节，合之得二十有四，是项之大椎，即在二十四骨之内。椎，音垂。）

（张注：连方骨计算则有二十四节，尾蛆骨不在其内。䯊，音椎，项后骨也。）

肩井及左右饭匙骨，各一片。

左右肋骨，男子各十二条，八条长，四条短，妇人各十四条。

男女腰间，各有一骨，大如掌，有八孔，作四行样。

（张注：腰间骨即方骨，在尾蛆骨之上。）

手脚骨各二段，男子左右手腕及左右臁肕骨边，皆有髀骨（妇人无），两足膝头各有顩骨，（张注：按：顩骨在膝盖骨中。《疑难杂说》云：腰眼骨第一节即命门骨，最属虚怯以击之即可毙。）隐在其间，如大指大。手掌脚板各五缝，手脚大拇指并脚第五指各二节，余十四指并三节。

尾蛆骨，若猪腰子，仰在骨节下。男子者，其缀脊处凹，两边皆有尖瓣，如棱角，周布九窍。妇人者，其缀脊处平直，周布六窍。大小便处各一窍，骸骨各用麻草小索，或细篾串讫，各以纸签标号某骨，检验时不致差误。

附考

《骨图》注：项颈骨五节，内第一节致命。脊背骨六节，内第一节致命。脊膂骨七节，内第一节致命。腰眼骨五节，内第一节致命。方骨一节，在尾蛆骨之上，亦系致命。又妇人产门之上，多羞秘骨一块，伤者致命。

乾隆三十九年，浙江庆元县，检民妇吴吴氏，肋骨止十二条，有髀骨，无羞秘骨，与男骨同。（张注：此条与后载福莲案相同。）

乾隆四十六年，浙江庆元县，检民黄有高，左右肋骨各十一条，合对笄窍相符，自属生成骨相之异。

乾隆四十八年，浙江富阳县民何盛荣妻蒋氏，被何加凤推跌，原验尾蛆骨活动，复检妇人缀青处，不似男子有凹，有尖瓣钳住，实因缀脊平直，从外揿捏，骨尖活动，误报损伤。

《洗冤集说》云：童体未毁者，囟门骨不合；已毁者，囟门骨合。又：童子真元未毁，则阴茎尖，皮裹龟头，耸而不痿；已毁者，则阴茎下垂，有血液精沥流出。然此只可验童体之真伪，未足以定奸情之有无也。盖世之狂童，十三四岁而峻作容有故弄其阴以伤真者，佛氏所谓以手出精，为非法淫者是也。

附记

乾隆五十六年六月，湖南靖州牧陈，会同沅守孟，复检麻阳县民妇张福莲骨殖，自项颈至尾蛆骨纯黑，头骨微黄黯，将次变黑，胸前及胯骨均参差花黑，两足及手掌纯黑，惟两臂、两腿、十手指骨白色。据辰溪县老仵作唐明云：女子未分经以前，骨全白，分经以后，参差渐黑，与年递加，五十岁后则全黑矣。

福莲出嫁一载，生年十九岁也。

又检福莲肋骨止有二十四条，仵作唐明云：妇人肋骨虽有二十八条，然多出之四条，短而脆，日久则腐化无存矣。

又检福莲有两髀骨，仵作唐明云：湖南省妇人有髀骨者极多，与《洗冤录》所载不同。髀骨，即两臂之辅骨也。

又验福莲无羞秘骨，仵作唐明云：羞秘骨指头大，盖在架骨之上，其薄如指甲，极柔脆，日久即腐化，故检无此骨。

（张注：据此说则产门两边之骨，可以开合。与妇人生产交骨开合之义相符。查妇人架骨图内不载，即验骨检骨各条亦不载，惟验妇女尸篇有云：架骨，横环小腹，不与尾蛆骨相连，是应专有此骨。但按其部位，既与尾蛆骨相连，即与胯骨亦属相连。胯骨分□□左右，妇人生产开合之骨，在后而不在前，确与尾蛆骨相连，或后胯骨梢头镶拢处即系架骨，似属可信，但格内并无明文，存以俟考。说架骨即羞秘骨见《检验汇览》。）

又验福莲有胯骨，无架骨，仵作唐明云：胯骨分左右，形如月牙，其两骨梢头镶拢处，即名架骨，并非令有架骨等语。照此声叙，奉部复准在案。

地中有不化骨，乃人生前精神贯注之处，其骨入地，虽棺衣烂，身躯他骨皆化为土，独此一处之骨不化，色黑如翳玉。故负米者死，肩骨后朽；舆夫死，腿骨后朽。以其生前用力，为精气结聚，故入土不易朽。

续辑

道光二十四年，会检乐昌县案内，已死陈积亨方骨，即腰间骨，有十窍；胸前龟子骨，头圆身长，尾略尖；头之与身接连处，本有断痕，生前相联，死后气血败坏，即成两节，故言二节，则可称三条者谬也。至龟子骨，左右有凹各六。每凹一奏，肋骨一条。龟子骨尾接心坎骨。而心坎骨，实为后天生长之脆骨。精力壮盛，后天完固者，骨大；血气稍充，后天不足者，其骨小；若禀质本弱，稚年斫丧者，心骨或不生。是其大小有无，不可一律论也。况既系脆骨，死后易于腐化，故检已埋已殡，及久经棺殓之骸，多无心骨。喝报者，虽非弊窦，不可不知也。人骨非黄即白，一经火焚，尽成白色。兽骨黑色无髓。见乾隆四十一年，江西萍乡、万载二县，会详黄仕月等诬控苏友朋致死黄杰山案内查议。

检骨

（张注：此言晴明检法。《洗冤录表》云：辨伤真伪条内有检骨伪造伤痕之法，当与此参看。）

检骨须是晴明，先以净水洗骨，用麻穿定形骸次第，以簟子盛（音成）定，却锄开地窖一穴，长五尺，阔三尺，深二尺，多以柴炭烧煅，以地红为度，除去火，（张注：《洗冤录备考》云：凡生前受伤身死，至开检时，其齿必落，有血瘾，天晴则用蒸法，天阴则用煮法。）即以好酒二升，酸醋五升，泼地窖内，乘热气，扛骨入穴内，以藁荐遮定，蒸骨一两时候。地冷，取出荐，扛出骨殖，向平明处，将红油伞（张注：红油伞之“红”字就是“黄”字之讹。）遮尸骨验。

阴雨不得已，则用煮法。以瓮一口，如锅煮物，以炭火煮醋，多入盐白梅，同骨煎。须亲临监视，候千百滚，取出水洗，向明照之，其痕即见，血皆浸骨损处，赤色，青黑色，仍细验有无破裂。（张注：此与下条言阴雨检法。）

遇阴雨不可检，不必尽用煮法，惟将杭州黄油新雨伞罩定尸骨，则伤之在骨内者，毫发毕露。年久尸骨，所有伤痕，为风雨剥蚀，或因蒸检多次，久而莓（音枚）暗，伤隐骨中，亦惟置之日中，将黄油雨伞罩定，则骨上伤痕朗然。（张注：此言年久尸首。）

煮骨不得见锡，见锡则骨多黯。（张注：此言煮骨不得见锡。）

（阮注：煮骨时，恐仵作贿弊，置药水中，令骨色昏黯，血瘾模糊，不可稽辨者，用麻黄、甘草二味为末，各二两，于水沸时，投入煮过，取骨净水洗拭，依法按图穿定，入地窖蒸之，新旧损痕，无不毕见。

张注：此与下二条言尸经数次洗罨验伤痕隐处之法。《洗冤录备考》云：凡伤人腰肋者，当其案久，皮肉溃烂无踪可验，或在右间定于右肋骨，直至右耳骨、右头脑骨，确有红赤色若干分寸，其左腰、左肋未受伤处，诸骨俱是或黄、或白色、或黄白相间，色大不侔于右边，骨殖红赤色，伤痕其验，左间虚惬处亦然。）

或经三两次洗罨，其色白，与无损同，当将合验损处骨，以油灌之，其骨大者有缝，小者有窍，候油溢出，则揩拭令干，向明照之，损处油到，即停住不行，明亮处则无损。

一法：浓磨好墨涂骨上，候干，即洗去墨，如有损处，即墨必浸入，无损处则墨不浸入。

又法：用新绵于骨上拂拭，遇损处，必牵惹绵丝起，再看折处，其骨芒刺向里或外。殴打折者，芒刺在里，在外者非。若髑髅骨有他故处，骨青，骨折处滞淤血。

检骨，仔细看骨上，有青晕，或紫黑晕，长是他物，圆是拳，大是头撞，小是脚尖。（张注：此言辨手足他物伤。）

（张注：此与下二条言仵作喝报。四缝骨者，前后左右也。辅臂之骨曰髀骨，胫骨旁生者亦曰髀骨，即后论沿身骨脉条内之骱骨也。）

拥罨检讫，仵作喝四缝骸骨，谓尸仰卧，自髑髅喝顶心，至囟门骨、鼻梁骨、颔颏骨、井口骨并全。（张注：井口骨，井字疑衍文。）两眼眶、两额角、两太阳、两耳、两腮颊骨并全。两肩并两臆骨全。（张注：并字疑是“井”字之讹，谓两肩井也。《洗冤录表》云：胸骨三条分左右，即龟子骨在心坎之上也，心坎骨即心骨。）胸前龟子骨、心坎骨全。（并，宋本作“井”，不圈断。）左臂腕、手及髀骨全。左肋骨全。左胯（与跨同）、左腿、左臁肕并髀骨，及脚踝骨、脚掌骨并全。右亦如之。（张注：《洗冤录备考》云：胸膛内有一护心软骨，损此骨者立毙，其骨青紫色。）

翻转，喝脑后乘枕骨、脊下至尾蛆骨并全。

验骨讫，（张注：此言验讫，标号埋瘗标记。）自髑髅肩井臆骨，并臂腕手骨，及胯骨、腰腿骨、臁肕膝盖并髀骨，并标号左右，其肋骨共二十四茎，（张注：上条标号在未检之先，此标号在检讫之后。）左右各十二茎，分左右，系左第一、左第二、右第一、右第二之类，茎茎依次题讫。内脊骨二十四节，亦自上题一二三四，（张注：尾蛆骨不入背骨行下，细绎连字可见，此与上验骨条可参看。）连尾蛆骨处号之，并胸前龟子骨、心坎骨，亦号之，庶易于检凑（阮注：两肩，两胯，两腕，皆有盖骨，寻常不系在骨之数，经打伤损，方入众骨系数。）先用纸数重包定，次用油单纸裹三四重，将绳索扎系，所三四处，封印押记，用桶一只盛之，以上板盖，掘坑埋瘗，作堆标记，仍用灰印。

检骨辨生前死后伤

（张注：此辨新旧伤紧要关键。）

（张注：此章前段单论检骨辨生前死后，后段论检而及验并辨旧痕。）

骨上有被打处，即有红色，路（张注："路"字应作"露"字解。）微瘾，骨断处，其接续两头（张注：骨伤止言红色，未及赤色青色，宜与卷二木铁等器条参看。）各有血晕色，再以有痕骨，日中照看，如红活，乃是生前被殴，分明骨上，若无血瘾，纵有损折，乃死后痕。

凡人身皆有旧痕，如幼时跌扑，平日争殴，及杖痕疮瘢，虽久平复，其痕不灭，色迹浅黑，至死犹着，盖其血既凝，终身不能如故，但周匝无余晕，按之虚平，视之色黯，其骨肉皆与新殴伤痕有辨。

（张注：《洗冤录表》云：人身旧痕，书中凡三见。此虽入检骨条内，实为检验通例，且按之虚平句，非指骨言也。若拘滞检骨，则于理犹稍隔膜。《疑难杂说》云：囟门骨（谚称天灵骨）浮出脑壳骨缝之外少许，淡红色或微青，皆因罨绝呼吸气血上涌所致。）

附考

尸之伤痕大，可量分寸。骨之伤痕小，难量分寸。盖初检时，则伤痕细，再检一次，其伤痕又大，若蒸检多次，久而霉暗，与初检伤痕不同。

有穿青黑衣下棺，检时其骨青黑色者，以碗片刮之，即见内中之白色。盖此色在浮面，一刮即去，若真伤在骨，虽刮不去。

拳伤者，骨伤如豆大；木器伤者，骨伤如线；铁器伤者，骨伤略散大；砖石伤者，骨伤尖小；踢伤者，骨伤尖斜，如月牙样。《洗冤录备考》云：人之胸膛，有一片护心软骨，损此骨者立毙。其软骨上定有青紫色，俗云心落者，非也，盖骨损而心气散也。至于胸膛下，肚腹、肚脐、小腹受伤，只须检头脑骨、囟门骨，居中至正处，确有三五分许红赤色。此是检中焦、下焦定法，与检伤阴茎致死者同。但伤阴茎致死者，多齿根有红赤伤耳。

（张注：连皮扯落肾子有医治不死者，此当与踢伤致死条参看。）

捏伤肾子死者，伤瘾于顶骨之上，有碎路红色，或紫赤。

大腹小腹皆无骨，伤轻瘾于肋骨上。男子下部有伤，瘾于牙根里骨。妇人下部有伤，则瘾于囟门骨或胯骨。

自缢死者，耳根、颔颏、脑后、发际、项颈各骨（张注：此当与踢伤致死及验妇女尸等条参看。）俱有伤痕方是。盖缢痕八字不交，斜向耳后顺上故也。或云止耳根骨有伤，其颔颏项颈等骨有伤无伤不可拘定。被勒死者，止项颈骨一处有伤，或脑后、胸前及手脚有碰撞伤痕。

生前打折骨者，其骨上锋铓处必有血痕。死后打折者无血痕。

凡闷死者，顶骨红色，或裂碎。

凡被硬物通入粪门死者，顶肾上有十字样碎纹路。

康熙四十五年案，原检有红晕伤痕，复检蒸煮，骨成白色，并无血晕，但此处骨有微损。后定案时，以虽无红晕，现有裂损即是伤痕，其颜色不同者，乃蒸检数次伤隐骨中也。

查检骨与验尸，其伤内外深浅不同，故《图格》内，亦有致命不致命之别。左右血盆骨，在验尸图内，注系不致命，系指在外伤痕而言。在《洗冤录》论沿身骨脉内载髀骨中陷之缺盆，即血盆骨，注云：髀骨中陷之血盆，嗓喉中之结喉，曲鬓上之顶心，眉际末之太阳，与鼻梁、山根、印堂、脑角，并斜骨下腰门，皆致命要处，检时最宜细看。他骨一伤，不过成残疾，此数处若伤，立致毕命等语，是以部颁《骨格图》，即按照《洗冤录》所载，将血盆骨注为致命。乾隆三十八年例。

乾隆二十八年，江抚汤通饬，验尸与检骨之法，原有区别。查《洗冤录》，内开踢伤肾囊阴门而死者，尸未腐时，皆可检验。是尸未腐之时，原属有伤可验。又云检骨一法，凡伤下部之人，其痕皆现于上，而不在下。男子之伤，现于上下牙根里骨，伤左则居右，伤右则居左，伤正则居中。女子之伤，则又现于上腭。盖因下部受伤，疼痛难忍，血往上奔，是以伤现于上。犹吊死之人，尸溃难验，及验两手腕骨、头脑骨，皆赤色者是也。此亦因尸难相验，故另设检骨之法，非谓验吊死之尸，即验手腕、头脑等骨也。由此类推，则验尸之法不可移于检骨，检骨之法不可移于验尸。

今龙南县验报赖三元，踢伤赖拱仔肾囊身死一案，或验报顶心现红，或验报牙根血瘾。此皆错会《洗冤录》验骨之意，以为血凝于骨，自必色现于外。殊不知验尸之时，尸未溃烂，伤痕现露本属易验。及至日久尸溃，无伤可验，不得不要蒸检。而下部虚怯之处，受伤无骨可检。如验上部之牙根、顶心等骨，有无血瘾现红，以辨受伤之真伪。立法极为周密，故止载现于牙根里骨，而不云牙根亦有血瘾。如谓验尸可与检骨参观并论，则验报自缢尸身，亦岂必尽皆相验手腕、头脑等骨耶？诚恐仵作昧于检验之别，装点附会，致多错误等因。

续辑

辨换骨：初到尸伤唤看人，同验原封有无存，开棺仔细看明确，骸骨倒乱多不整，系口不对奸弊出，端详新旧见假真。换骨弊难行，新旧不相因，头胪项圈对，肋骨有无存，脊骨系口错，大小不相称，旧骨枯黄色，新骨白且明。

辨人畜骨：人畜骨自殊，大小形不一，惟有肋相似，亦各有差别，人肋宽平匾，畜肋长圆窄，勿此人骨白，外坚而内实，颈脊系口差，颜色不符合，细验见分明，不必费周折。

乾隆四十年，萍乡县民黄仕月控苏友朋，致死黄杰山焚尸灭迹一案，详称将黄仕月呈到骨殖，督同仵作，逐一检验。成块者，凡三十一块，量长三四分及六七分不等，色黑中空无髓，余皆碎小，不成块数，查人骨非黄即白，一经火焚，尽成白色，今验系黑色无髓，其为兽骨而非人骨无疑。黄杰山尸身未获，其或存或亡，难以悬揣。且现据黄万成供称，黄杰山于十六日下午，赴宜春索欠，曾经聚谈，厥后并未回山，当请将苏友朋保释，确查黄杰山实在下落。另文申报等情详经袁州府驳饬，内开查《洗冤录》载男子骨白，妇人骨黑，并无人骨白，兽骨黑之文，固难以色之黑白分定人兽，且尸被火焚，形销骨碎，何有于髓？更不便以其无髓断非人骨。究竟黄仕月所呈之骨，是人骨，是兽骨，得自何所，亟应诘明来历，以定案情，否则生人既无踪迹，死骨又无着落，岂足以成信谳等因。复经讯据仵作吴仕荣供称，《洗冤录》载，男子骨白，女人骨黑，这是指不会被火烧的，若经火内烧过的骨殖，仍是白色，可见无分男女，一经火烧，骨色尽白。又乾隆三十二年，徐前县任内，有傅廷瑞谋死张尚忠一案，小的同新建县仵作曾胜，开检那尸骨是扁的，横宽坚实，上年蒙案，下传验黄仕月所呈骨殖，长止三四分及七八分不等，细小圆形，中间有小孔，色带灰黑，与小的检过人骨，并颁发检骨图内格式全然不同也，不是《洗冤录》载火烧的颜色，所以定得他是兽骨，从前小的报骨殖黑色，是辨他不是火烧，说中空不实，辨他不是人骨，原分两项说的，并不以颜色黑白分他人兽，就是无髓的话，也不过是形容骨殖中空，不似人骨坚实的意思，并不因他无髓，断非人骨等情，复经会同复讯，由府转详，又经司驳复审通详，批结在案。

检捞获无名尸骨多具，并零星骨殖：道光三年，土田州民陆工千等殴死贵州民王景尧等六人，弃尸山洞积水中，后被发觉，起出髑髅十三颗，并零星骨一百余件，无从分别何具系何人之尸。当于详内声称，因各骨多少参差，碍难安图填格，当即编列号次饬令如法蒸检。据尸亲人等供称，查已死王景尧等，年若干岁。并据仵作喝报，检得某洞起出有伤髑髅七具及零星各骨，第一号髑髅骨一具，某处一伤，斜长，紫红色，有血晕，系木器伤；第二号髑髅一具云云，各系分别填写至第七号止；又第八号颔颏骨一伤斜长青紫色，有血晕，系木器伤；第九号某处一伤，亦分别填写。至第七号止，又第八号颔颏骨一伤斜长青紫色，有血晕系木器伤第九号某处一伤，亦分别填写。至几十号止均系生前受伤身死。又检得某洞起出无伤髑髅骨六具及零星各骨，第一号髑髅骨一具，囟门上有旧疮孔，尖长五分，穿透孔口光滑，骨色白，额颅骨青暗色，俱无血晕，系生前染患毒疮痕迹。无伤第二号髑髅骨一具，右太阳、右额角、右眉棱骨破碎，有水浸青色，无伤。第三号云云，第四号云云，第五号髑髅骨，第六号髑髅骨，均碎不计块，陈腐剥蚀，无从检验。第七号颌颏止存牙齿六个，第八号血盆骨二条无伤。又检得某洞起出有伤无伤各骨，第一号云云，又某骨一节均有伤，红色，骨边糟朽不辨，系何物致伤。报毕，逐加亲检无异，当场取结，分别列册填注，并究出某洞多余有伤之头颅骨二具，系某人因某事致死某人，弃尸该洞。又访查某洞，常有土民将病死及路毙乞丐、麻风丢弃洞内，作为葬地，询之村老某等，供俱无异，并取具土田州官防及附近民人等，印甘各结附卷。

中毒身死，并死后残毁尸骨：验得已死梁远文，问年若干岁。周身骨殖完全。仰面囟门骨，连左太阳骨，破裂碎烂，共分八块；自囟门横至右太阳骨，又有裂痕一条，长三寸三分，俱无血癊，系死后伤；上下牙根，俱微青色；胸膛、心坎骨里面青黑色，外面青黯色；左右饭匙骨，俱青黯色；左手指尖骨五个，右手指尖骨废烂一个，现存四个，俱青黯色，两手指甲三个废烂，共存七个，俱青黯色；两胯骨、两腿骨微青色；左右膝骨、胫骨、䯒骨、脚踝骨、脚掌骨、两趾尖、脚跟骨俱黄色；趾甲九个废烂，尚存一个黄色。合面项颈骨至脊背骨，脊膂腰眼骨，方骨，尾蛆骨，俱青黑色；左右肋骨，俱青黯色。仰面左肋骨，自上数下第八条有裂痕一条，合面左后肋骨，自上数下第八条有裂痕一条，俱无血瘾，系死后裂伤，余无别故，委系生前中毒身死，并死后残毁尸骨。

拳伤及殴伤小腹瘾伤骨：验得已死黄汉祥，尸骨完全，问生年若干岁。仰面不致命右下牙根里骨一点，围圆一分，紫红色，系小腹受伤现红；不致命左肋骨第三、四条骨接连一伤，围圆一寸二分，紫红色，系拳伤。余无别故，亲验无异。随查叶世茂原供，拳伤黄汉祥左胁并小腹左边。今检无伤痕，当即讯问仵作谭胜，查叶世茂，当日供认殴伤黄汉祥左肋左胁并小腹左边身死。今止验得左肋一伤，那左胁与小腹左边并无痕迹。据报下牙根里骨有紫红色一点，系小腹受伤现红。查《洗冤录》载：凡伤下部之人，男子之伤，现于上下牙根里骨；又小腹受伤，与肾囊伤同。又抓破肾囊，验得囟门血红，上下牙齿落等语。今检验黄汉祥，止右下牙根里骨有紫红色一点，因何上下牙根里骨俱不现红，囟门亦无血红，牙齿也不脱落？复供，黄汉祥当日被叶世茂用拳打伤左肋，这是有骨可检，如今已检出拳伤，那左胁与小腹左边，系是虚袪处所，皮肉消化，无凭检验。《洗冤录》也不曾开载殴伤两胁，应检何骨。故此左胁拳伤，无凭检报。那小腹受伤，查《洗冤录》载：凡伤下部之人，男子之伤，现于上下牙根里骨，伤左则居右，伤右则居左，原不曾指明上下都应现红。今黄汉祥尸骨右下牙根里骨有紫红一点，这就是小腹受伤明验。至小腹受伤，《洗冤录》载有与肾囊受伤同字样。但囟门血红、上下牙齿脱落，原指系抓破肾囊，疼痛难忍，才有这样情形。黄汉祥小腹左边系被拳殴伤，非抓伤肾囊可比。故此止右下牙根里骨有紫红色，不致囟门血红、上下牙齿脱落等语。

应伤骨：上牙根里右边骨，紫红色，围圆样，系膝盖跪压左胁应伤，合面致命腰间方骨一伤，围圆一寸二分，不整，紫红色，系拳殴肚腹应伤，致命腰间方骨有紫红色，系左胁被打应伤。

病后推跌致死骨：仰合面，周身骨殖白色，并无伤痕，顶心并上下牙根里骨及腰间方骨无现红云云。诘问仵作，现据某供认手推某右臂膊一下，某侧跌坐地，右臂、两臀该有伤痕，为何检无伤痕？是否震损脏腑？供某原说用手勾某右臂膊一推，某侧跌坐地，其势不重，故此右臂膊、两臀无伤。若是震损脏腑，谅有腰间方骨，或牙根里骨现红。如今检验无痕，并未内伤。又问，今检某尸骨无伤，当日被某推跌坐地，如何就即身死？又供，大凡人被推跌，不是震损脏腑，就是气喘痰壅，俱可致命。现据尸妻某氏，供说某生前患有冷症，两腿发肿，船户某又说某被推跌坐地，就气喘不止。这明系病体虚弱，被推跌坐地，痰壅气喘身死云云。

受伤平复未久病故骨：检得何际康髑髅骨一具：仰面致命顶心骨偏右，有血癊一线，长八分，宽不及一分，微红色；不致命右手掌骨，有血癊一线，微红色，均系刀伤，骨色黄白，余无别故。委系生前受伤平复后，患病身死。讯据仵作某供称，何际康受伤后，已隔八十五日身死，系在刃伤余限之外。查偏右系致命之处，如果伤未痊愈，断难延至八十五日之久。兹检明何际康顶心偏右及左手掌骨，各有血癊一线，色仅微红，骨亦未损，原不致命，实系受伤平复后，旋值患病身死，以致血未散尽，微有血癊。且查《洗冤录》，内载：平日争殴，虽未平复，其痕不减，色迹浅黑，至死犹著等语。可见骨殖血癊，最难消散。如受伤平复日久，色即浅黑。今何际康受伤平复未久，旋即病毙，以故色尚微红，委系患病身死，并无别故等情。取具该仵作甘结附卷，嘉庆十五年贵县案。

伤痊病故毁伤尸骨：检得毛有胜，仰面致命顶心骨左一伤，斜长一寸二分，微有血癊，骨未损，系刀伤；顶心骨击碎一孔，碎骨脱落无存，孔口左边有裂缝一条，右边有裂缝二条，孔口及裂缝俱白色，无血癊，系死后伤，余无别故。委系生前受伤后，因病身死。报毕亲验无异，查顶心骨左，即属尸格内之偏左，系属致命部位。今既检有血瘾，何以又称因病身死？随提该仵作查讯据称，偏左系致命之处，如果伤痕沉重，断不能延至五十四日始行毙命。即检验血瘾，其色甚微，自是伤将平复，另患病症，以致气血未能消尽，委系因病身死等语。又查顶心孔内碎骨，并未脱落棺内。随提某人查讯，据称毛有胜身死后，伊主使某人将其顶心骨击碎，因有皮肉包连碎骨，并未脱落，当将尸身抬至空地，用沙土掩盖。恐系尸身腐烂后碎骨脱落沙土之内等语。当令该犯指定停尸处所，饬差于沙土内掏获碎骨二块，凑合孔处相符，尚缺碎骨一小块，无从寻获，当场填格取结，骨殖用桶装贮，交保看守。嘉庆十六年罗城县案。

发痧身死，诬告殴毙检骨：仰面不致命頟颏骨左，有绿色一条，长一寸，宽六分；致命左血盆骨内外有绿色，长一寸四分；右血盆骨内外有绿色，长七分；不致命右肋三节骨，有淡绿色一条，长八寸，宽三分；第八节骨有绿色一条，斜长一寸六分，宽三分；俱无血瘾。两手指甲、两脚趾甲俱青黄色。其余各骨，细检并无别故。委系生前发痧身死。据仵作供称，检验该尸頟颏等骨，均属绿色。查潮地学武的人，生前多服壮药，死后骨带绿色居多，实在不是伤痕。质之尸亲，据供某生前曾经习武，果属吃过壮药等语。查《洗冤录》载，凡伤下部之人，其痕皆现于上，男子之伤现于牙根里骨等语，今某所控某被某拳殴左胁，伤重致死，如果属实，伤痕应现于牙根里骨，今检验某牙根里骨，系淡红色。又查《洗冤录》载，肚腹受伤，须检腰间方骨有四方眼者，其骨必紫红色等语，查两胁即属软肋，与肚腹相近，又恐现于腰间方骨，复检验某腰间方骨，系属白色，并无痕迹，其非胁下受伤无疑。再原验该尸右眼胞、脊背有伤痕，今检右眼眶、脊背等六节，皆属白色。随讯据仵作供称，原报右眼胞上下伤痕一条，长止三分，宽止半分，皮微破，系属指甲抓伤；脊背一伤，仅止黄豆大，淡红色，系磕伤。两处伤痕，皆系浮面轻微，皮肉消烂，故此检无伤痕等语，当场填格取结云云。

殴后，咽喉布塞气闭：周身骨殖完全，仰面不致命右腮颊骨、上下牙、右颔颏骨，相连一伤，斜长二寸六分，宽一寸九分，紫红色，有血晕，系鞋底伤；致命咽喉内蓝布一团，系生前塞入口内；右血盆骨一伤，斜长九分，宽七分；不致命左臂骨边髀骨一伤，斜长一寸二分，宽三分，俱紫红色，有血晕，系竹片伤；左膝盖骨连胫骨一伤，斜长二寸四分，宽七分，紫红色，有血晕，系柴棍伤。合面不致命左后肋骨，第五条、第六条相连一伤，围圆二寸四分，第七条、第八条相连一伤，围圆二寸四分，第九条、第十条相连一伤，围圆二寸四分，俱紫红色，有血晕，吴系拳伤。右后肋第四条至第八条相连一伤，斜长二寸五分，宽一寸八分，紫红色，有血晕，系鞋伤。余无别故。

殴后溺死检骨：验得已死某，周身骨殖完全，开报年岁，尸骨量长四尺一寸，用明油伞油纸映照。仰面致命顶心偏左骨一伤，围圆不整，斜长五分，宽三分，紫红色，有血晕，系木器伤；鼻窍脑壳，用水灌进，倾出有沙泥；不致命第七条左前肋骨共一伤，围圆一寸六分，紫红色，有血晕，系拳伤；不致命左臁肕骨一连两伤，上一伤，斜长八分，宽二分，下一伤，斜长一寸五分，宽三分，俱微红色，系碰伤。其余周身骨节，并无别故。委系生前被殴后，落水身死。

气闭：验得蒋梁氏尸骨，除咽喉骨腐烂，余骨完全，量长四尺三寸。仰面致命囟门骨浮出脑壳骨缝外少许，淡红色，系罨绝呼吸，气血上涌所致。合面不致命右肋骨，由上数下第一条、第二条相连一伤，围圆七分不整，有血晕，骨断，系石块伤。余无别故。委系生前受伤气闭身死。

检验女尸：随令仵作起出某氏尸棺，检出尸骨，安放平明地面，排成人形，眼同尸亲犯证人等，如法洗检。据仵作某喝报，检得已死某氏，尸骨完全，量长四尺一寸。仰面致命囟门骨微开，青蓝色，系戳产门应伤；不致命胯骨赤色。合面不致命脊骨，第五节、第六节骨共一伤，合量长五分，宽二分，紫红色，有血晕，系铁器伤；不致命左前肋骨，自上数下第八、第九、第十、第十一条骨共一伤，合量斜长二寸，宽三分，紫赤色，有血晕，系铁器伤；致命方骨左边第一孔上一伤，如黄豆大，紫红色，有血晕，系肚腹被打应伤；不致命左右胯骨后赤色。余无别故。委系生前被殴身死。

检驼背骨：乾隆四十三年，九月内，南城县李维谦、南丰县汪延楷，会检南丰县民黄方陶毒死黄耀辉、黄杨氏二命，案内黄杨氏系驼背，其脊骨一节至六节，连脊膂骨一节至五节，共十一节，相连无缝，两肋骨第二条，连脊背骨，骨节生就（填格通详照办）。